LAMPIÃO

A BEATA MARIA DO EGITO

Rachel de Queiroz

LAMPIÃO

A BEATA MARIA DO EGITO

Teatro

6ª edição

Rio de Janeiro, 2015

LAMPIÃO © *herdeiros de Rachel de Queiroz, 1953*
A BEATA MARIA DO EGITO © *herdeiros de Rachel de Queiroz, 1957*

Reservam-se os direitos desta edição à
EDITORA JOSÉ OLYMPIO LTDA.
Rua Argentina, 171 – 3º andar – São Cristóvão
20921-380 – Rio de Janeiro, RJ – República Federativa do Brasil
Tel.: (21) 2585-2060   Fax: (21) 2585-2086
Printed in Brazil/Impresso no Brasil

Atendimento e venda direta ao leitor:
mdireto@record.com.br
Tel.: (21) 2585-2002

ISBN 978-85-03-00847-1

Texto revisado segundo o novo Acordo Ortográfico da Língua Portuguesa.

Capa: ISABELLA PERROTTA/HYBRIS DESIGN
Ilustrações: CIRO FERNANDES

CIP-BRASIL. CATALOGAÇÃO NA FONTE
SINDICATO NACIONAL DOS EDITORES DE LIVROS, RJ.

Q47L
6ª ed.
	Queiroz, Rachel de, 1910-2003
	    Lampião; A beata Maria do Egito / Rachel de Queiroz. –
	6ª ed. – Rio de Janeiro: José Olympio, 2015.
	
	    ISBN 978-85-03-00847-1
	
	    1. Teatro brasileiro (Literatura). I. Título. II. Título:
	A beata Maria do Egito.

05-2753

CDD – 869.92
CDU – 821.134.3(81)-2

Sobre a autora

Rachel de Queiroz nasceu em 17 de novembro de 1910, em Fortaleza, Ceará. Ainda não havia completado 20 anos, em 1930, quando publicou *O Quinze*, seu primeiro romance. Mas tal era a força de seu talento, que o livro despertou imediata atenção da crítica. Dez anos depois, publicou *João Miguel*, ao qual se seguiram: *Caminho de pedras* (1937), *As três Marias* (1939), *Dôra, Doralina* (1975) e não parou mais. Em 1992, publicou o romance *Memorial de Maria Moura*, um grande sucesso editorial.

Rachel dedicou-se ao jornalismo, atividade que sempre exerceu paralelamente à sua produção literária.

Cronista primorosa, tem vários livros publicados. No teatro escreveu *Lampião* e *A beata Maria do Egito*, e, na literatura infantil, lançou *O menino mágico* (ilustrado por Gian Calvi), *Cafute e Pena-de-prata* (ilustrado por Ziraldo), *Xerimbabo* (ilustrado por Graça Lima) e *Memórias de menina* (ilustrado por Mariana Massarani), que encantaram a imaginação de nossas crianças.

Em 1931, mudou-se para o Rio de Janeiro, mas nunca deixou de passar parte do ano em sua fazenda "Não me deixes", no Quixadá, do agreste sertão cearense, que ela tanto exalta e que está tão presente em toda sua obra.

Uma obra que gira em torno de temas e problemas nordestinos, figuras humanas, dramas sociais, episódios ou aspectos do cotidiano carioca. Entre o Nordeste e o Rio, construiu seu universo ficcional ao longo de mais de meio século de fidelidade à sua vocação.

O que caracteriza a criação de Rachel na crônica ou no romance — sempre — é a agudeza da observação psicológica e a perspectiva social. Nasceu narradora. Nasceu para contar histórias. E que são as suas crônicas a não ser pequenas histórias, narrativas, núcleos ou embriões de romances?

Seu estilo flui com a naturalidade do essencial. Rachel se integra na vertente do verismo realista, que se alimenta de realidades concretas, nítidas. O sertão nordestino, com a seca, o cangaço, o fanatismo e o beato, mais o Rio da pequena burguesia, eis o mundo de nossa Rachel. Um estilo despojado, depurado, de inesquecível força dramática.

Primeira escritora a integrar a Academia Brasileira de Letras (1977), Rachel de Queiroz faleceu no Rio de Janeiro, aos 92 anos, em 4 de novembro de 2003.

Lampião

LAMPIÃO
PEÇA EM 5 QUADROS

PERSONAGENS

MARIA DÉA, que é depois MARIA BONITA

LAURO, o sapateiro

LAMPIÃO

ANTÔNIO FERREIRA, irmão de Lampião

PONTO-FINO (Ezequiel), irmão de Lampião

MODERNO (Virgínio), cunhado de Lampião

SABINO GOMES

CORISCO (Cristino)

VOLTA-SECA

PAI-VELHO

ZÉ BAIANO

AZULÃO

PERNAMBUCO

ARVOREDO

O CAPANGUEIRO

O VENDEDOR DE SEGUROS

OS 4 CABRAS DE CORISCO

O TENENTE

OS DOIS SOLDADOS

ALGUNS CANGACEIROS

PRIMEIRO QUADRO

Cena Única

A casa do sapateiro, em ponta de arruado, numa vila à margem do São Francisco. No canto à direita, a parede de frente da casa de taipa, na qual se apóia o telhado do alpendre. Pela porta aberta vê-se um ângulo da sala, onde está armada uma rede de criança, alta, vazia.

No alpendre, à direita da porta, a banca do sapateiro, carregada dos utensílios do ofício. Ao pé da banca, um tamborete de couro cru. Pedaços de sola pelo chão, sapatos para consertar, jogados a granel junto à banca. Correias e tiras de couro pendem da parede, em tornos de madeira.

À esquerda da porta, ainda no alpendre, a almofada de renda da dona da casa, erguida num pequeno cavalete, tem também um tamborete ao lado.

O cenário do fundo é o mais simplificado possível. Basta que sugira o arruado, a vila sertaneja, o caminho que traz à porta do sapateiro.

Sol forte. Sombra só no alpendre.

*

O sapateiro LAURO *está só sentado à sua banca, batendo pregos na sola de uma chinela. Tem uns trinta anos, é caboclo claro, quase branco. Veste calça de zuarte escuro, camisa de riscadinho, mangas arregaçadas. Como a maioria dos sertanejos, não usa sapatos, mas alpargatas de couro, trabalhadas com bordados e ilhós.*

Entra MARIA DÉA, *quase correndo, com um pau na mão. À ponta do pau pende uma cobra morta.*

MARIA DÉA é jovem — vai pelos vinte e dois anos, cabocla muito bonita (foi célebre a sua beleza). Não é alta, tem os cabelos lisos pelos ombros, usa vestido de chita estampadinha, mangas curtas. No momento calça tamancos.

MARIA DÉA *(alvoroçada, quase gritando.)* — Lauro, Lauro, diz que o bando de Lampião apontou na estrada! Teve gente que até enxergou o sol batendo no cano dos rifles!

LAURO *(para de trabalhar, levanta-se inquieto.)* — Conversa! Desde ontem que estão dizendo isso.

MARIA DÉA — Desta vez é verdade.

LAURO — Esse pessoal tem a mania de assustar a gente, à toa! Vai-se ver, sempre é mentira.

MARIA DÉA — Mas teve um homem que até viu...

LAURO *(torna a sentar-se.)* — Qual, a toda hora estão vendo, escutando tiro... Onde é que você deixou as crianças?

MARIA DÉA — Ficaram na cacimba, com a avó, esperando a roupa quarar. E eu vinha lhe mostrar esta cobra, quando encontrei o homem que disse...

LAURO (*interrompe, aponta a cobra.*) — Onde é que você arranjou esse bicho?

MARIA DÉA — Fui eu que matei. Estava junto da cacimba grande, toda enrolada, querendo dar o bote.

LAURO — E pra que trouxe isso aqui, criatura? Por que não deixou lá mesmo? Cobra morta dentro de casa fica chamando a companheira viva. Daqui a pouco a outra cascavel aparece!

MARIA DÉA (*brinca, fingindo que vai jogar a cobra em cima do marido.*) — Você está é com medo! Medroso!

LAURO — Afasta essa cobra, Maria! Parece louca!

MARIA DÉA — Quero arrancar os maracás. Olhe, tem cinco! É uma cascavel criada! Ande, corte com o seu quicé.

Segura a cobra pelo rabo e aproxima-se do marido.

LAURO (*recuando, enojado.*) — Já te disse que afaste essa cobra, Maria! Não tiro maracá nenhum! Ora já se viu? Pra que eu quero maracá de cobra?

MARIA DÉA (*insistente.*) — Que é que lhe custa? Ande, corte!

LAURO — Tire você. Não matou? Eu é que não pego nisso. Me repugna só de olhar.

MARIA DÉA — Você devia era ter vergonha. Nem parece homem — sei lá o que parece! Tem medo de tudo, até de uma cobra morta. Se te repugna agora, que dirá quando viva! *(Olha-o com nojo, abanando a cabeça.)* Pois eu, que sou mulher, tive medo, mas matei. Quando vi aquela rodilha na beira da cacimba, joguei nela o pote d'água. Se espatifou todo, mas atordoou a cascavel. E acabei de matar com uma pedra. Olhe a cabeça como está esfarelada!

Torna a aproximar dele a cobra.

LAURO *(quase aos gritos.)* — Mas sai daí com essa cobra, mulher! Já não pedi? Não sabe que eu tenho horror desse bicho?

MARIA DÉA — Você tem horror de tudo, não é só de cobra. Bastou eu lhe chegar a cobra perto, está branco, tão branco! Se levasse agora uma navalhada, não pingava uma gota de sangue, que não tinha. Você não é homem, Lauro.

LAURO — Não lhe dou uma resposta porque não respondo a doido. E você é louca, louca varrida. Me deixe em paz, vá buscar seus filhos. Ou então sossegue, sente na sua almofada, cuide da sua renda.

MARIA DÉA *(ainda com o pau na mão, equilibrando a cobra, fala devagar, com uma espécie de nojo na voz.)* — Por que não é você mesmo que vai fazer a minha renda? Era trabalho que lhe servia. *(Caminha até à beira do terreiro, joga fora a cobra, mas fica com o pau na mão.)* Mas não adianta insultar, que você não reage. Nem ao menos sai dessa mansidão. Deus que me perdoe, parece que tem medo até de mim!

LAURO — Cala a boca, Maria.

MARIA DÉA — Você não monta a cavalo, não enfia uma faca na cintura, não bota cachaça na boca, nunca deu um tiro na sua vida, não é capaz de fazer a menor estripulia, como qualquer outro homem. Vive aí, nessa banca, remendando sapato velho, ganhando um vintém miserável, trabalhando sentado feito mulher...

LAURO — Graças a Deus não nasci pra bandido. Se você queria um desordeiro, por que, em vez de casar comigo, não procurou um cabra de Lampião?

MARIA DÉA — E você sabe o que eu fiz e o que eu não fiz? Sabe se eu procurei — ou se ainda estou procurando?

LAURO — Pois nunca é tarde. E se ele vem mesmo aí, como estão dizendo...

MARIA DÉA — Bate na boca, Lauro. Olha que, se Lampião me quisesse, eu ia-me embora junto com o bando dele. Saía sem olhar pra trás. Já estou cansada de dizer.

Joga fora o pau, num gesto irritado.

LAURO — A mim nunca disse!

MARIA DÉA — Disse. Mas você pensava que era brincadeira.

LAURO — Se eu fosse escutar tudo que você abre a boca pra dizer...

MARIA DÉA — Pois agora escute bem. Eu outro dia falei com o meninote que veio trazer o bilhete de Lampião para o delegado.

Lauro *(levantando-se, assombrado.)* — Maria, você andou de conversa com um cabra de Lampião?

Maria Déa — Não era homem: era um menino. Mas falei, mandei um recado.

Lauro — Mentira!

Maria Déa — Por Deus do céu que mandei. Assim mesmo: "Menino, diga lá ao seu capitão que, se ele quiser vir me buscar, eu sigo no bando e ganho o mundo com eles. Me chamo Maria Déa e sou mulher do sapateiro."

Lauro — Maria, você andou bebendo?

Ouvem-se tiros espaçados, ao longe.

Maria Déa — Está ouvindo agora? Não duvide mais, que são eles.

Os dois ficam escutando, um instante.

Maria Déa — São eles, são eles! Agora já se escuta o tropel dos cavalos!

Lauro *(continua, um momento ainda, atento, apavorado; de repente torna a si e agarra a mulher pelo braço.)* — Maria, Maria, pelo amor de Deus, que é que você quer fazer da nossa vida? Como é que brinca com uma coisa dessas? Mandar semelhante recado para aquele bandido medonho, que pior não pode haver até o dia do Anticristo? *(Sacode-a com mais força.)* Você não mandou, não é possível! Não disse uma coisa dessas!

MARIA DÉA *(libertando-se.)* — Não se engane, Lauro, que eu disse. *(Pausa.)* Disse e faço. Sou capaz de ganhar o mundo com eles, tal e qual a mulher de Antônio Silvino.

LAURO — Não compare aquele desgraçado com Antônio Silvino!

MARIA DÉA — Todos dois são cangaceiros.

LAURO — Não, Silvino era bom, nunca fez perversidade à toa; e tirava dos ricos para dar aos pobres. Mas Lampião é um assassino miserável, bebedor de sangue inocente.

MARIA DÉA — Hoje é que se diz isso.

LAURO — Toda a vida se soube: Antônio Silvino foi ser cangaceiro por desgraças da vida. Lampião entrou no cangaço porque só dava pra isso, que era ladrão e assassino de nascença. Mas há de ter mau fim, tão certo como tem Deus no céu.

MARIA DÉA — Não rogue praga a quem você não conhece, Lauro. Demais, tudo que você está dizendo é mentira. Lampião viveu em paz até à idade de 16 anos, e só entrou no cangaço porque a polícia matou o pai dele. Que é que um homem pode fazer, senão se vingar? *(Escuta.)* Os tiros pararam...

LAURO *(escutando também.)* — É. Pararam.

MARIA DÉA — Quer dizer que eles já estão dentro da rua.

LAURO — Muita vez já largaram os rifles e estão sangrando o povo a ferro frio... (*Voltando ao assunto interrompido, exaltadíssimo, com pavor crescente.*) Não, o caso de Lampião não foi como você está dizendo. Ele começou matando um vizinho, por causa de uma cabra que lhe comeu o roçado. Pelo malfeito dum bicho bruto, tirar a vida dum cristão... Assim foi que começaram, os três irmãos, o pai, e ele.

MARIA DÉA — Você só sabe é falar. Então por que não vai perseguir o cangaceiro? Por que não senta praça na polícia pra sair caçando Lampião?

LAURO — Cala a boca. Serei governo pra perseguir bandido?

MARIA DÉA — O pior de você é essa moleza, essa falta de ação. Podia ser de uma parte ou de outra, que eu não me importava. Ora, até na polícia tem homem. Mas você tem medo dos dois. (*Pausa.*) Tem hora em que até me parece que não sou casada com um homem — que sou casada é com outra mulher que nem eu.

LAURO (*sem a escutar, apurando o ouvido.*) — Desta vez parece que o tropel dos cavalos começou de novo...

MARIA DÉA (*escutando também.*) — É... Capaz de serem eles, indo embora...

LAURO (*triunfante.*) — E cadê o teu recado? Será possível que o menino não desse? Ou ele não ligou... Havia de acreditar nos disparates de uma doida, desesperada, sem sentimento na cara... Lampião pode ser bandido, mas todo o mundo diz que ele respeita sacramento...

Quando o sapateiro está a terminar a frase, vai-se aproximando da casa o grupo dos cangaceiros, com LAMPIÃO *ao centro. São eles:* SABINO, ANTÔNIO FERREIRA, PONTO-FINO (EZEQUIEL), MODERNO, CORISCO, VOLTA-SECA, PAI-VELHO, ZÉ BAIANO, AZULÃO, PERNAMBUCO *e* ARVOREDO. ANTÔNIO FERREIRA *e* PONTO-FINO *são irmãos do chefe. O primeiro é um moço baixo, calado, muito apegado a* LAMPIÃO, *que o distingue especialmente.* PONTO-FINO *é mais alto, magro, nervoso, insolente, vaidoso e ágil como um gato; quase um menino, mas já famoso pela pontaria mortal.* CORISCO, *ou* DIABO-LOURO (CRISTINO *é grande, bonito, resto de raça holandesa visível no cabelo claro, nos olhos azuis, nos traços finos.* SABINO *é homem de quarenta anos, cara torva, olho mau.* ZÉ BAIANO *é crioulo grosso, de ar feroz.* PAI-VELHO, *70 anos, encorreado, magro e curvo.* VOLTA-SECA, *meninote entre 15 e 16 anos, entroncado, escuro, armado até os dentes, segue* LAMPIÃO *como um cachorro.* LAMPIÃO — *Há divergências sobre a sua estatura; a lenda conta que ele era alto;* Leonardo Motta *diz que era de estatura meã. Pelas fotografias, vê-se que é bem mais alto que o comum dos sertanejos. Tipo ascético, é sóbrio, taciturno, ciente da sua força. Usa óculos; cabelos grandes — é esse um traço característico de todos os seus companheiros também. Roupa de zuarte ou cáqui, culote, perneiras. O grande chapéu de couro, quebrado à testa, enfeitado barbaramente com três estrelas de ouro; moedas de ouro sob as estrelas, na aba do chapéu, e na testeira bem visível; no barbicacho longo que lhe cai pelo peito,*

há enfiados anéis lisos de ouro e prata, e anéis com pedras.
A faca que traz à cintura tem mais de meio metro; o cabo é
de ouro. O peito é cruzado por cartucheiras enfeitadas de
medalhas. Carrega um rifle com a bandoleira também
enfeitada de escudos e medalhas preciosas. Usa ainda a tiracolo
um jogo de embornais bordados. Pistola à cinta.
Calça alpargatas de tipo sertanejo, bordadas e com ilhós.
Os demais cangaceiros copiam os trajos e armamento do chefe,
com riqueza proporcional. ANTÔNIO FERREIRA *é o único que*
o veste quase à paisana: chapéu de feltro, poucas jóias.
Os bandidos se chegam de manso e cercam a casa.
LAMPIÃO, *acompanhado de* ANTÔNIO FERREIRA
e VOLTA-SECA, *sobe ao alpendre.*

LAURO *(levanta os olhos, vê os cabras.)* — Meu Jesus, misericórdia!

VOLTA-SECA *(aproximando-se de* MARIA DÉA.*)* — Dona, a senhora se lembra de mim? Do recado que me deu?

MARIA DÉA *(baixa a cabeça, numa afirmativa.)* — Me lembro.

VOLTA-SECA — Pois o capitão veio lhe trazer a resposta. *(Volta-se para* LAMPIÃO.*)* Não foi, meu padrinho?

LAMPIÃO *(adianta-se um passo, encara* MARIA DÉA. *Tira lentamente o chapéu.)* — Recebi suas palavras. É verdade? *(*MARIA DÉA *baixa a cabeça, afirmativamente, intimidada demais para falar.)*

LAMPIÃO — Então a senhora era capaz de ganhar o mundo com a gente, bastava só Lampião querer?

Maria Déa *(levanta a cabeça e o encara.)* — É.

Lampião — Pois está aqui Lampião. Vim buscar a senhora.

Lauro *(que ouviu esse diálogo, trêmulo, com ar apavorado, atira-se bruscamente para a frente, procurando segurar o braço de* Lampião*;* Volta-Seca *o afasta com rudeza. O chefe nem o olha.)* — Não acredite nessa conversa de recado, capitão! É mentira de quem lhe disse! Não vê que essa mulher é casada, tem marido, tem filhos! Mãe de dois filhos pequenos! Não acredite, capitão, que ela é doida!

Lampião *(sem tirar os olhos de* Maria Déa.*)* — Já disse que vim lhe buscar.

Lauro *(tentando novamente segurar o braço de* Lampião.*)* — Pelo amor de Deus, não faça uma coisa dessas, capitão! Pelas chagas de Nosso Senhor Jesus Cristo! Eu me casei com ela, capitão! Temos dois filhinhos, é um casal — um menino e uma menina! Pergunte a ela! Há de deixar os inocentes sem mãe?

Lampião *(para* Lauro.*)* — A vontade é dela. *(Para* Maria Déa.*)* Seu nome é Maria?

Lauro *(antecipando-se à mulher.)* — Maria Déa, sua criada capitão! Maria Déa de Souza, minha mulher legítima, mãe de dois inocentes que não podem ficar abandonados!

Lampião *(para* Maria Déa.*)* — Pois Maria, se é do seu agrado, vamos embora...

LAURO — Capitão Virgulino, pela alma de sua mãe e de seu pai, não me faça isso! Pela santa cabeça do meu Padrinho Padre Cícero...

LAMPIÃO *(rispidamente.)* — Não meta o nome do meu Padrinho nas suas choradeiras.

LAURO — Eu sei, capitão, eu sei! Ai, me desculpe, capitão! Se o senhor quiser, eu me ajoelho nos seus pés, beijo as suas apragatas...

LAMPIÃO *(com nojo.)* — Não se ajoelhe nos pés de outro homem, criatura. Serei santo, por acaso? E não me peça nada, que a vontade é dela. Eu, se vim aqui, foi porque ela me chamou.

LAURO — Mas eu já não disse ao senhor que ela é doida, capitão? O senhor veja, não falo por mim... E por causa dos dois bichinhos, coitados dos meus filhos... Estão lá na cacimba com a avó...

VOLTA-SECA *(aproxima-se do sapateiro, põe-lhe uma das mãos no ombro, leva a outra ao cós da calça, onde traz a faca.)* — Largue dessa gritaria, homem!

LAURO — Moço, você também não vê que nem Deus do céu...

VOLTA-SECA *(interrompe-o, mais ameaçador; os demais cabras contemplam a cena, divertidos.)* — Largue de gritaria, já lhe disse!

Enquanto o sapateiro e VOLTA-SECA *discutem,*
LAMPIÃO *aproxima-se de* MARIA DÉA, *que se encostou*
rigidamente à parede de olhos baixos. Ele, devagarinho,
percorre-a toda com a vista, dos pés até o rosto. Quando
o seu olhar se detém na face da moça, MARIA DÉA
levanta a cabeça, lentamente, e sorri.

LAMPIÃO — Pois, Maria, ali na rua já tem um cavalo selado, esperando por você.

MARIA DÉA *faz sinal de assentimento com a cabeça.*

LAMPIÃO *(para* VOLTA-SECA.*)* — Antônio!

VOLTA-SECA *(larga rapidamente o braço de* LAURO, *volta-se para o chefe.)* — Senhor?

LAMPIÃO — Vá buscar aquela trouxa. *(Para* MARIA DÉA.*)* Eu já tomei informação da senhora. Soube da sua vida — até o nome do seu pai e da sua mãe... E... *(Vira-se para* LAURO.*)* ... dele...

LAURO *(juntando as mãos.)* — De mim? Eu? Eu nunca fiz mal a ninguém!

LAMPIÃO *(sempre sem o ouvir, falando só com ela.)* — E depois de saber tudo, resolvi chegar até aqui, pra lhe levar. *(Faz uma pausa, sorri.)* E parece até que adivinhei. Não vê que esta noite, na viagem para cá, topamos com uma festa de casamento. A noiva com a cara toda pintada, cabelo curto, pescoço raspado... Zé Baiano foi logo achando ruim... Zé Baiano não gosta dessa moda...

Volta os olhos para o negro, que sorri, vaidoso; o próprio
Lampião *dá a sua risadinha curta, característica — "risada*
de cobra", dizia o povo do sertão.

Lampião — ... e muito menos gosto eu. Noiva sem respeito, não é, Zé Baiano?

Zé Baiano — Noiva sem respeito, capitão!

Lampião — Então mandei tirar dela todo o trajo de noiva, com cuidado, pra não rasgar. Como eu disse, tinha uma tenção comigo... Veio tudo, até a saia branca.

Ponto-Fino *(rindo.)* — O mano ficou com a roupa e nós fomos vadiar com a noiva...

Zé Baiano *(rindo também, mexe num ferro de marcar que traz à cintura.)* — Depois de ferrada com a minha marca...

Corisco — E o noivo ficou tão apaixonado que tivemos de amarrar ele num esteio...

Todos os cangaceiros riem, inclusive Lampião.
Volta-Seca *aparece com uma trouxa de roupa, que*
Lampião, *com um gesto, manda pôr sobre a mesa do sapateiro.*
O menino desata os nós da trouxa e Lampião
vai lhe retirando o conteúdo e, de uma em uma, depõe as peças
nos braços de Maria Déa, *que praticamente ainda não se*
moveu, até agora. Dá-lhe o vestido branco, a combinação de
renda, os sapatos, o véu, a grinalda.

Lampião *(continuando a falar como se estivessem a sós, ele e*
Maria Déa.*)* — Entre ali e mude a roupa.

Maria Déa — Vou primeiro arrumar as minhas coisas.

Lampião — Não senhora, não arrume nada. Mulher de Lampião só usa o que Lampião lhe dá. Vá mudar o vestido, ande.

Maria Déa *entra em casa, com a roupa nos braços.*

Lauro *(num grito.)* — Maria, olha o que tu estás fazendo! Maria, tem Deus no céu! Olha o castigo!

Quer entrar na sala atrás dela; Volta-Seca *porém o segura, fá-lo sentar-se no tamborete. O sapateiro põe-se então a chorar, com a cabeça entre as mãos.*

Volta-Seca *(a* Lampião.*)* — Que é que se faz com ele, meu padrinho?

Lampião — Por ora, nada.

Lauro *(chorando.)* — Capitão Virgulino, só lhe peço que pense nos dois inocentes... nos dois filhinhos inocentes dessa infeliz...

Lampião — Quando ela chegou na sua casa era moça donzela, não era? Trouxe filho?

Lauro *abana a cabeça, negativamente.*

Lampião — Não trouxe filho nenhum... Pois então vai sair daqui como veio: sozinha!

Ligeira pausa; o sapateiro continua sentado, chorando, o rosto escondido entre as mãos. Lampião, *de braços cruzados ao peito, espera. Os outros cangaceiros se mantêm imóveis.*

VOLTA-SECA *tem a mão no ombro de* LAURO. *Entra
afinal* MARIA DÉA, *usando o vestido branco, com o véu
e a grinalda nas mãos.* LAMPIÃO *toma do véu e
o atira sobre a cabeça da mulher.*

LAMPIÃO — Sai vestida de noiva, como veio! (*Para* MARIA
DÉA.) Me dê a sua mão, Maria. (*Apanha-lhe a mão esquerda,
arranca a aliança de casamento que está nela, atira-a longe. Do
próprio anular retira um anel com pedra grande, enfia-o no dedo
de* MARIA DÉA.) Agora, o seu anel é este.

A aliança rolou até os pés de LAURO. *O sapateiro descobre um
momento o rosto e, sem poder falar, de medo, assiste à
troca dos anéis realizada por* LAMPIÃO. *Depois baixa a
vista e descobre a aliança desprezada, quase a seus pés.
Livra-se da mão de* VOLTA-SECA, *que ainda
o segura, e apanha a joia. Mas* VOLTA-SECA,
rápido, pisa brutalmente a mão com que LAURO *cobriu o anel.*
LAMPIÃO, *segurando ainda a mão da
rapariga, dá as costas ao sapateiro, durante
essa cena, e encaminha-se à saída.*

LAURO (*puxa a mão magoada, leva-a à boca, grita ainda.*)
— Maria! Maria! Será possível que você tenha coração de
fazer isso?

MARIA DÉA (*quase a sair, volta-se para o marido.*) — Foi
sina, Lauro. Adeus.

LAMPIÃO (*com um gesto breve, para os homens.*) — Vamos
chegando, que é tarde.

Saem todos, LAMPIÃO *e* MARIA DÉA *de mãos dadas,*
os cabras cerrando marcha em torno deles. Caminham num
passo leve de andarilhos; só se escuta o tilintar das armas.
O sapateiro continua meio ajoelhado, uma das mãos
à boca, a outra segurando a aliança.

PANO

SEGUNDO QUADRO

CENA PRIMEIRA

Acampamento provisório na caatinga, debaixo de um juazeiro grande. A trempe de pedra, o fogo aceso, a panela fervendo. Encostados ao tronco de árvore, alguns arreios. Duas selas servem de assentos. Cobertores pendurados nos galhos. Dois fuzis, bem visíveis (os cabras de LAMPIÃO *conservam consigo as cartucheiras e as armas pequenas até quando vão dormir). Estão presentes* CORISCO, PONTO-FINO, PAI-VELHO. *Junto ao tronco, as costas apoiadas aos montes de arreios, com as mãos amarradas, veem-se dois homens com trajo de cidade: um de terno escuro, outro com roupa amarrotada de brim.*

CORISCO atiça o fogo enquanto PAI-VELHO, *dois passos além, depena um par de nambus.* PONTO-FINO, *acocorado à beira da vereda, monta sentinela.*

Os dois viajantes, assustadíssimos, tentam conversar.

1º VIAJANTE — Mas, capitão Corisco, nunca nenhum de nós denunciou cangaceiro. Não temos nada com polícia.

2º VIAJANTE *(o de brim.)* — Faz anos de vida que eu nem boto os olhos num soldado.

CORISCO — Isso é o que vocês contam. Conheço muito. Mas quem vai resolver é o capitão.

1º VIAJANTE — E o senhor também não é capitão? Por que não resolve logo?

CORISCO — Se eu quisesse, podia. Mas até agora o chefe é ele. E depois, foi ordem dele mesmo, que a gente pegasse vocês dois e esperasse aqui.

2º VIAJANTE — Mas lhe juro que nós estamos inocentes, capitão Corisco. Lhe juro pelo que o senhor quiser.

CORISCO (*afasta-se do fogo, começa a limpar o rifle.*) — Vamos deixar de choradeira. Eu não tenho nada com a vida de vocês. Neste caso sou pau-mandado. Se avisaram os macacos vão pagar por isso, tão certo como o diabo estar no inferno. Se não avisaram, então vai-se ver... (*Pausa.*) Seja como for, quem sabia notícia da passagem de vocês era o capitão Virgulino, não eu. Tive ordem de botar uma espera em vocês, e botei. E depois de pegar os dois, vir aguardar neste lugar, e vim.

2º VIAJANTE — Mas então...

CORISCO (*irritando-se.*) — Quantas vezes já lhe disse que a questão não é comigo, homem! E é bom pararem com essas lástimas, que eu não sou muito paciente. (*Dirigindo-se a* PAI-VELHO.) Peou os animais, Pai-Velho?

PAI-VELHO (*aponta para o mato além, com a faca suja de sangue e penas da nambu.*) — Peei. Estão bem ali.

PONTO-FINO (*pondo-se de pé.*) — Compadre Cristino, parece que o pessoal já vem!

Esperam todos, de ouvido atento.

PONTO-FINO — Vêm, sim, estão desmontando!

CORISCO arma o fuzil, com um estalo seco. Ele e os dois viajantes se levantam e olham na direção de onde devem chegar os homens. PAI-VELHO continua o seu trabalho. Ouve-se a aproximação ruidosa de LAMPIÃO com o seu grupo. Marcham à frente o chefe e MARIA DÉA, a quem agora chamam de MARIA BONITA; ela usa o seu conhecido trajo "de campanha": saia e blusa cáqui, cartucheira, embornais; mas não carrega rifle nem a grande "lambedeira" dos homens. Traz apenas, à cintura, um pequeno punhal e uma pistola. Risadas; alguns entoam a Mulher Rendeira. *Atrás do casal, o estado-maior: ANTÔNIO FERREIRA, VOLTA-SECA, MODERNO, SABINO. Mais uns três cabras. Vendo os bandidos, os viajantes recuam, procurando encostar-se ao tronco do juazeiro.*

LAMPIÃO (*erguendo a mão no ar, risonho.*) — Não se assustem, minha gente, não se assustem! É Lampião que chega — amando, gozando e querendo bem!

CORISCO (*adianta-se, tira o chapéu.*) — Bom dia, capitão. Tá aí os homens.

LAMPIÃO — Obrigado, compadre Cristino.

Aproxima-se dos prisioneiros que, à sua chegada, tentavam desajeitadamente arrancar os chapéus com as mãos amarradas.

Os Prisioneiros — Bom dia, capitão Virgulino!

Lampião (*medindo-os de alto a baixo.*) — Podem me chamar de Lampião. (*Pausa.*) Ou vocês pensam que o nome de Lampião é agravo?

1º Viajante — Deus me livre, capitão!

Lampião (*fazendo-o calar-se com um gesto.*) — É bom que saibam uma coisa: Lampião só tem um no mundo. Virgulino, ou José, ou Chico, ou Pedro, qualquer amarelo à toa pode-se chamar. É só a mãe dizer ao padre na hora do batizado. Mas o nome de Lampião — não foi ninguém que me deu! Esse eu ganhei na boca do meu rifle.

Volta-Seca — Em noite de tiroteio o rifle de meu padrinho não para de ter clarão!

Lampião — O finado Imperador batizou-se por Pedro, mas era tratado de Majestade. Pois a minha majestade é o nome de Lampião! No jornal não me chamam o Rei do Cangaço? Saiu escrito no jornal... (*Faz um gesto que abrange a todos.*) ... todo o mundo leu! E um cantador disse ainda que eu sou o Imperador do Sertão. Era um cego que não enxerga a luz do dia, mas vê a luz que eu alumeio! Porque, na caatinga, Lampião é rei coroado! (*Dirige-se a* Corisco.) A espera saiu direito, compadre Cristino? Houve morte?

Corisco (*aproximando-se.*) — Morte nenhuma, capitão. Esse pessoal de paletó não reage...

2º V‍IAJANTE — Reagir por quê? Nós não somos inimigos dos senhores!

CORISCO — Homem reage sempre.

PONTO-FINO *(chegando-se aos prisioneiros.)* — Isso lá é homem!

LAMPIÃO *(para* PONTO-FINO*.)* — Não se meta, Ezequiel. Eu hoje não quero violência. Eu hoje sou da paz. *(Para* CO‍RISCO*.)* Continue, compadre.

CORISCO. — Foi uma besteira. Botei uma tábua cheia de prego no meio da estrada, disfarcei com areia, e me escondi com os meninos por detrás de umas moitas. Esperamos mais de duas horas, até escutar o ronco do automóvel que vinha bem devagar, tateando o caminho... Esse camarada de casimira era que guiava o bicho, com o parceiro de banda, todos dois muito ressabiados, espiando pra um lado e pra outro... Acho que tinham recebido aviso de que nós andávamos por perto.

1º V‍IAJANTE — Aviso de quem? Nós somos estranhos aqui! Aviso, não senhor!

2º V‍IAJANTE — Eu vinha devagar porque o caminho era danado de ruim!

LAMPIÃO *faz um gesto de enfado, os viajantes se calam imediatamente.*

CORISCO — Aí, o automóvel pisou em cima dos pregos, lançou assim a modo dum suspiro fundo, soltando o vento dos pneus. E quando os camaradas deram fé, estavam debaixo da mira das nossas armas...

LAMPIÃO — Foi bom que não houvesse morte. Já não disse que a minha tenção agora é de paz? (*Vira-se para os presos.*) Não carecem de tremer o beiço, moços. Nem de ficarem assim tão amarelos... (*Ri, a sua risada curta.*) Não sei por que, nunca vi homem corado na minha frente! (*Para* CORISCO.) Cadê o automóvel?

CORISCO — Ficou lá na estrada, com as rodas murchas, capitão.

LAMPIÃO — Vocês são capazes de consertar esse carro, botar ele andando de novo?

1º VIAJANTE (*solícito.*) — Muito simples, capitão. Basta desembeiçar os pneus, tirar as câmaras de ar e consertar os buracos... (*Vira-se para o companheiro.*) Veio vulcanite?

2º VIAJANTE — Que eu saiba, não. Mas há de se arranjar. Manda-se um portador à vila.

LAMPIÃO (*corta a conversa com um gesto.*) — Não, fica pra depois. Se bem que eu até gostasse de levar a Maria num passeio de carro por essa caatinga afora! (*Olha para* MARIA BONITA, *trocam um sorriso.*) Mas agora não tem tempo.

1º VIAJANTE — Mesmo que demore, para nós é um prazer, capitão. Basta arranjar a vulcanite... Nós não temos pressa...

LAMPIÃO — Fica para outra vez, já disse. Vocês não sabem, mas têm pressa e muita. *(Pausa.)* Moços, vocês têm estudo?

1º VIAJANTE — Estudo?

LAMPIÃO — Algum de vocês é doutor?

2º VIAJANTE — Não senhor. Vontade eu tinha, capitão, mas não passei da escola primária.

LAMPIÃO *encara interrogativamente o outro.*

1º VIAJANTE — Eu também não. Sou agente de seguros.

LAMPIÃO — Nenhum é doutor? Pois é pena. Me dou muito bem com doutor. Teve até um doutorzinho que me tratou da vista e abaixo de Deus e dos poderes do meu Padrinho Padre Cícero... *(Leva a mão ao chapéu.)* .... me botou bom... *(Vira-se para o* 1º VIAJANTE.*)* Que foi que você disse quc cra?

1º VIAJANTE — Agente de seguros.

LAMPIÃO — Seguro de quê?

1º VIAJANTE — Seguro de vida, capitão. O camarada assina um papel e fica pagando à companhia aquele tanto por mês. Em caso de morte, a gente paga uma bolada boa à família.

LAMPIÃO — Eu já tinha escutado falar nisso.

CORISCO — Ouvi falar em segurar vida, pensei que era negócio de botar corpo fechado...

PONTO-FINO — Boa ideia era a gente fazer uma sociedade: você primeiro segurava os homens... e aí nós chegávamos... com o nosso jogo... *(Bate no fuzil.)* E se fazia a cobrança...

Ri.

LAMPIÃO *faz um gesto impaciente em direção de* PONTO-FINO.

LAMPIÃO *(para o* 2º VIAJANTE*)* — E você, que é que é?

2º VIAJANTE — Eu sou capangueiro, capitão.

PONTO-FINO — Capangueiro? Capanga de quem?

2º VIAJANTE — Capanga de ninguém, não senhor. Chamam capangueiro quem compra diamante nos garimpos.

LAMPIÃO *(para o* 2º VIAJANTE *ou* CAPANGUEIRO.*)* — Então você negocia com diamante?

MARIA BONITA — Diamante? Quer dizer, brilhante? *(Estende a mão.)* Quero ver.

CAPANGUEIRO — Não trago nenhum comigo, dona. Não vê, ainda estou de viagem para os garimpos.

PONTO-FINO — Então mostre o dinheiro com que vai pagar as pedras.

CAPANGUEIRO *(trêmulo.)* — Dinheiro, trago quase nenhum, moço... A gente tem medo de andar com dinheiro por essas estradas.

PONTO-FINO *(ri.)* — Eu sei!

CAPANGUEIRO — Ninguém está falando no capitão! Mas tem por aí muito cabra malvado. Até mesmo os macacos da polícia.

PONTO-FINO — Mas, afinal, com que dinheiro você vai comprar as pedras? Não me venha dizer que os homens lhe dão fiado.

CAPANGUEIRO — Botei no banco. Pretendia tirar quando chegasse no Juazeiro. Só trago comigo o livro de cheques.

PONTO-FINO — Livro de cheques? Vale dinheiro? Me mostre, pra eu ver como é.

O CAPANGUEIRO *tenta alcançar o bolso interno do paletó, mas com as mãos amarradas não o consegue.* LAMPIÃO, *que até aí ficara em silêncio, escutando a conversa, intervém com um gesto.*

LAMPIÃO — Agora te aquieta, Ezequiel. Já me cansa a paciência. Deixa o moço em paz. *(Para o* CAPANGUEIRO *e o* AGENTE DE SEGUROS.*)* Não mandei pegar vocês para tomar dinheiro, rapazes. Só tomo dinheiro por desfastio. Dinheiro, coragem e bala são três coisas que eu carrego comigo. Podem sossegar o coração. *(Para* CORISCO.*)* Solte as mãos deles, compadre.

Corisco *obedece, corta-lhes as cordas, cada uma com um talho só de faca.*

Os Dois Viajantes — Muito obrigado, capitão, muito agradecido!

Lampião *(grave.)* — Não tem de quê. Mas em troco vão me fazer um favor. *(Expectativa.)* Vão me levar uma carta.

Agente de Seguros — Às suas ordens, capitão!

Capangueiro — Com todo o gosto! O senhor não pede, manda.

Lampião — Disso eu sei. A carta é para o Recife.

Agente de Seguros — Mas, capitão, nós estamos vindo do Recife para cá!

Ponto-Fino — Já se esqueceram de que vão fazer um favor mandado, e não pedido?

Lampião *(irritado.)* — Cala a boca, Ezequiel, já te disse! Quem está falando com os homens sou eu! *(Para os presos.)* Pois é, vão ao Recife. E não adianta queixa: eu já disse que tinham de ir e pronto. *(Pausa.)* Não estou mais pedindo, estou mandando. Eu sempre peço primeiro e depois mando. E quando mando, obrigo. Agora já é obrigado.

Capangueiro — A gente falou por falar, capitão. É até bom ver o Recife de novo.

Ponto-Fino, *escutando isso, solta uma risada.*
Lampião, *irritadíssimo, lança o olho torvo ao irmão.*

Maria Bonita (*puxando a manga de* Ponto-Fino.) — Cala essa boca, menino. Não agaste seu irmão.

Ponto-Fino *recua, amuado.* Lampião *continua a falar com os presos. Já não está parado, mas passeando, sem chapéu; usa o coice do rifle para martelar o chão, pontuando o que diz.*

Lampião — Vão me levar uma carta para o interventor do Recife. É uma carta de paz. Não foi o que eu disse, quando cheguei aqui? Lampião só vive agora amando, gozando e querendo bem. (*Para o* Agente de Seguros.) Você aí, tem letra boa?

Agente de Seguros (*trêmulo.*) — Assim, assim, capitão.

Lampião — Então arranje papel e lápis e escreva.

O preso mexe nos bolsos e apanha uma caderneta.

Lampião (*protesta.*) — Esse papel aí é muito pequeno. Isso vai ser carta para o governo, tem que ser em papel decente. (*Vira-se para* Maria Bonita.) Tire uma folha de almaço do alforje, Maria.

Maria Bonita *remexe nos alforjes, que foram arriados, e traz de lá uma folha de papel. O* Agente de Seguros *puxa do bolso uma caneta-tinteiro.*

Lampião (*para o* Agente de Seguros.) — Pode começar. (*Dita, pontuando as frases com o dedo indicador.*) "Sr. Interventor de Pernambuco. Suas saudações com os seus. Faço-lhe esta devido a uma proposta que desejo fazer ao senhor para evitar guerra no sertão e acabar de vez com as brigas..."

O homem escreve febrilmente, procurando acompanhar o ditado, que é feito em voz lenta, solene. LAMPIÃO *dita como se estivesse falando pessoalmente com o interventor pernambucano.*

LAMPIÃO — "Se o senhor estiver no acordo, podemos dividir os nossos territórios. Eu, que sou o capitão Virgulino Ferreira, Lampião, Interventor do Sertão, governo esta zona de cá por inteiro, até às pontas do trilho em Rio Branco. E o senhor, do seu lado, governa do Rio Branco até à pancada do mar, no Recife..."

Enquanto LAMPIÃO *dita a carta, os cangaceiros se aproximam, interessados. Alguns aprovam gravemente, de cabeça.* MARIA BONITA *não tira os olhos de* LAMPIÃO. PONTO-FINO, *ainda amuado, não pode entretanto conter o interesse.* LAMPIÃO *faz uma pausa, esperando que o improvisado secretário o alcance.*

AGENTE DE SEGUROS *(escrevendo.)* — "... pancada do mar, no Recife..."

SABINO *(é homem forte, quarentão, de cara fechada, respeitado por todos. Veste com luxo, muitas medalhas de ouro no chapéu, os dedos cheios de joias, uma pedra grande no anel que lhe segura ao pescoço o lenço de seda. Acompanha atento a frase, e aparteia, durante a pausa.)* — Isso mesmo. Fica cada um no que é seu.

Lampião (*para* Sabino, *também grave.*) — Pois então. É o que convém. (*Continuando o ditado.*) "Assim ficamos os dois em paz, nem o senhor manda os seus macacos me emboscar, nem eu com os meus meninos atravesso a extrema, cada um governando o que é seu sem haver questão." Escreveu?

Pausa.

Agente de Seguros (*escrevendo.*) — Sim, senhor... "questão"...

Lampião (*com ênfase maior.*) — "Faço esta por amor da paz que eu tenho, e para que não se diga que eu só que sou bandido, que não mereço! Aguardo a sua resposta e confio sempre." Escreveu? — "Confio sempre"?

Agente de Seguros — Espere aí, por caridade, capitão. "... que não mereço... aguardo... confio sempre..." Pronto, capitão. Desculpe a letra. Mas assim, correndo...

Entrega-lhe o papel.

Lampião (*examinando a carta.*) — A letra está boa. O homem lá entende. Agora vou assinar. Traz o lápis, Maria, que eu vou botar o meu ferro. (*Senta-se na sela, apóia o papel na coronha do rifle, assina com um rabisco final.*) "Capitão Virgulino Ferreira, Lampião. Interventor do Sertão." (*Levanta-se.*) Agora se aviem, seus moços, e me levem a carta. Vocês vão sair daqui com uns guarda-costas. (*Para* Volta-Seca.) Menino, me arreia uns animais. (*Para os viajantes.*) Vai com vocês meu mano Antônio Ferreira, e mais uns meninos de confiança. (*Chama.*) Antônio!

Antônio Ferreira *(aproxima-se.)* — Estou aqui.

Lampião — Antônio, meu nego, você leva esse pessoal aos Barreiros. Lá, diga ao compadre Juventino que me arranje condução urgente e mande acompanhar os moços até à linha do trem. *(Para os presos.)* Peguem a carta e entreguem ao homem. Mas não pensem que por acaso, dos Barreiros para lá, vocês estão livres de mim! Daqui até no Recife a sombra de Lampião está sempre atrás de vocês! Triste de quem me promete e não cumpre!

Agente de Seguros — Deus me livre, capitão!

Capangueiro — Faça de conta que a carta já está entregue.

Lampião — É melhor assim.

Corisco — E o automóvel, capitão?

Agente de Seguros *(tímido, mas ansioso.)* — Sim, capitão, e o nosso automóvel?

Lampião — O automóvel fica aí. Quando nós estivermos longe, quem quiser que acuda.

Agente de Seguros *(tomando coragem, desesperadamente.)* — Mas o senhor sabe que me custou vinte e dois contos...

Lampião — Ai, ai, ai, meu amigo! Então você não acha que a miserável da sua vida valha vinte e dois contos?

PONTO-FINO *(não se contém, aparteia com uma risada.)* — Estão se dando muito barato!

Os homens baixam a cabeça, submissos.

CORISCO — E os trens deles, capitão?

CAPANGUEIRO — Eu nem tive coragem de falar...

CORISCO — Nos bolsos não mexi nada. Mas no carro eles traziam cada uma malota, e mais estes troços aqui...

Vai apanhar uma garrafa térmica, uma máquina fotográfica e uns três embrulhos pequenos.

LAMPIÃO — E isso, que é?

Segura a garrafa térmica.

AGENTE DE SEGUROS *(muito solícito.)* — É uma garrafa, capitão. Chamam garrafa térmica. A gente bota o café quente dentro dela e vai ver, no outro dia, ainda não esfriou.

LAMPIÃO — Deve ser bom para quem viaja. (*Para* MARIA BONITA.) Olha.

MARIA BONITA *(segura a garrafa, abre-a, vira um pouco de café na tampa de alumínio.)* — É mesmo, ainda está morno.

Vai levando o copo à boca.

LAMPIÃO *(bate-lhe bruscamente no braço, derrubando o copo com o café.)* — Você está doida, rapariga? Sabe lá o que vem aí dentro?

CAPANGUEIRO — Credo em cruz, capitão, como é que tem um pensamento desses? *(Apanha o copo do chão, toma a garrafa da mão de* MARIA BONITA, *enche o copo de café e bebe-o dum trago.)* Eu não tinha coragem de envenenar um cachorro, quanto mais um homem!

LAMPIÃO *(com o seu riso ruim.)* — E, porém, se esse cachorro lhe rendesse mais de cem contos, depois de morto? *(Apanha a máquina fotográfica.)* Isto é de tirar retrato? *(Examina a máquina.)* Está preparada?

AGENTE DE SEGUROS — Tem um filme quase inteiro, capitão! Acho que só bati com ele uma chapa. Quer tirar algum retrato?

LAMPIÃO — É bom. Vocês chegam lá com um retrato meu, e assim o homem acredita que a carta é minha mesmo.

O AGENTE DE SEGUROS *prepara a máquina,
leva a objetiva ao rosto, e caminha uns passos, de costas,
procurando distância e luz.* LAMPIÃO *também recua,
gravemente, e posa com solenidade, apoiado ao rifle.
Quando o* AGENTE DE SEGUROS *bate a chapa,*
MARIA BONITA *se adianta, com um sorriso.*

MARIA BONITA. — Agora nós!

LAMPIÃO *(afasta-a com um gesto.)* — Não. Quer botar retrato seu na mão desses homens? *(Para o* AGENTE DE SEGUROS.*)* Chegando no Recife, mande aprontar o retrato e entregue junto com a carta. Serve de documento. E agora, pronto. Já ouviram as minhas ordens. Expliquem direito ao homem, se a carta só não chegar. Eu só quero é a paz. Quem for meu amigo vive e engorda — mas depois que eu me zango, só debaixo da terra um cristão acha agasalho. Se o homem fica no acordo, está tudo como Deus mandou. Mas se ele não ficar no acordo e quiser guerra, terá guerra. Lampião nasceu mesmo foi para guerrear. E escute bem: dentro desta caatinga, quem manda ou há de ser a paz de Lampião — ou a guerra de Lampião. Macaco do governo, aqui, não levanta o pescoço. Digam isso ao homem, direitinho, que estou dando o recado. Podem ir.

> *Despede-os, com um gesto de mão. Os presos se descobrem, humildemente. ANTÔNIO FERREIRA já está pronto, de armas na mão, acompanhado de três cabras: AZULÃO, PERNAMBUCO e ARVOREDO.*

ANTÔNIO FERREIRA *(aproximando-se de LAMPIÃO.)* — Até mais logo, mano. Então posso entregar os homens ao Juventino, sem cuidado?

LAMPIÃO — Entregue, que o Juventino não me faz desfeita. Se eu preciso dele alguma vez, mais precisa ele de mim. Deus te acompanhe, Antônio.

> *Os viajantes fazem uma derradeira cortesia com os chapéus, a que LAMPIÃO e MARIA BONITA correspondem, gravemente.*

AGENTE DE SEGUROS — Adeus, capitão. Adeus, dona. Adeus, rapaziada.

CAPANGUEIRO — E muito obrigado por tudo!

LAMPIÃO *(vendo-os sair.)* — Vão em paz.

> *Saem* ANTÔNIO FERREIRA, AZULÃO, PERNAMBUCO, ARVOREDO *e os dois viajantes.* EZEQUIEL *os acompanha um pouco, fala qualquer coisa com* ANTÔNIO FERREIRA, *ri. A cena escurece.*

CENA SEGUNDA

Foi só um momento que as luzes do palco se apagaram, indicando a passagem de algumas horas. Quando clareia, o cenário é o mesmo, à tardinha. LAMPIÃO *está recostado ao assento que* MARIA BONITA *lhe preparou com mantas e coxins, sobre as selas. Os cabras estão reunidos ao fundo; um deles toca em surdina numa gaita de boca.* MODERNO *faz sentinela.* EZEQUIEL *faz exercício de tiro num alvo que pendurou a um galho de árvore: o alvo é um velho quepe de soldado de polícia, todo furado de balas. Dois cabras servem de espectadores a* EZEQUIEL, *e riem quando ele erra um tiro. A uma risada mais alta,* LAMPIÃO *se volta, adverte:*

LAMPIÃO — Olha esse estrago de munição. Depois faz falta. A rua está longe.

> EZEQUIEL, *amuado, joga a arma de lado. Caminha uns passos, volta ao meio dos companheiros, puxa a faca da cintura e passa a novo jogo: atira a faca no galho onde está pendurado o alvo. Os companheiros o cercam novamente. Enquanto*

isso, MARIA BONITA, *que arrumava qualquer coisa nos
embornais, aproxima-se de* LAMPIÃO, *senta-se ao
lado dele e começa a descalçar os sapatos.*

MARIA BONITA — Arre, fiz um calo de sangue! Também com essa caminhada! (*Pausa.* MARIA BONITA *estira as pernas, estira os pés nus. Suspira alto. Põe a mão no ombro de* LAMPIÃO, *e fala em voz mais baixa.*) Você não tem medo, meu bem?

LAMPIÃO — Eu, medo? Medo de quê, mulher?

MARIA BONITA — Pois eu tenho. Meu coração adivinha.

LAMPIÃO — Mas, medo de quê, Maria? Você sabe de alguma coisa que eu não sei?

MARIA BONITA (*abana a cabeça.*) — Não. Tenho medo é dessa carta para o presidente.

LAMPIÃO — Agora não tem mais presidente. Governo, agora, se chama de interventor.

MARIA BONITA — Pois é. Mas diz que provocar o governo é atirar pedra na lua. Afinal, eles lá têm os soldados que querem, têm até canhão, como no tempo da guerra do Juazeiro, contra meu Padrinho...

LAMPIÃO — E quem foi que ganhou a guerra do Juazeiro? Me diga! Quem ganhou? Que mal fez o canhão aos jagunços do Padre Cícero? A jagunçada foi que venceu tudo — mataram até o Jota da Penha, que era macaco, mas era homem.

MARIA BONITA — Eu sei, mas assim mesmo tenho sobrosso. Se lembre de Canudos... Se lembre de Pedra Bonita... Acabou morrendo tudo, o governo ganhou sempre...

LAMPIÃO *(soergue-se, segura-a pelo ombro.)* — Nunca mais me fale numa coisa dessas, Maria. Só aguentei porque era de você. Triste de outro que abrisse a boca para fazer essa comparação...

MARIA BONITA — Eu não estou inventando. Só estou me lembrando.

LAMPIÃO — Pois não se lembre de nada. Não compare ninguém com Lampião. Nunca nasceu outro Lampião no mundo, nem nunca nascerá. Com a proteção de Meu Padrinho, tenho o corpo fechado para moléstia, para o chumbo e para o ferro, para praga e mau-olhado. É como se tivesse uma capa de aço me protegendo.

MARIA BONITA *(trêmula.)* — Da morte ninguém escapa, criatura de Deus...

LAMPIÃO *(ameaçador.)* — Não agoura, mulher! Não chama pela morte!

MARIA BONITA — Não sou eu que chamo. Você é que às vezes parece até que tenta a Deus...

LAMPIÃO — Como é que eu tento a Deus? Não estou procurando a paz?

MARIA BONITA *(abana a cabeça.)* — Governo não faz paz com cangaceiro.

LAMPIÃO — Mas comigo é diferente. De mim eles precisam. Quando careceram de quem fosse brigar com os revoltosos, de quem é que eles se valeram? Do bandido Lampião. Mandaram o filho do presidente do Ceará com a patente de capitão para Virgulino Ferreira da Silva. Você mesma tem a patente guardada no seu embornal.

MARIA BONITA — Mas hoje em dia as coisas mudaram. Hoje não anda mais revoltoso por aqui.

LAMPIÃO — Ando eu, e faço mais medo do que revoltoso. O meu acordo é a salvação deles. Fica por lá o homem governando no Recife. Mas Lampião, aqui, é o Imperador do Sertão.

MARIA BONITA *(com um suspiro.)* — Deus queira, meu bem, Deus queira!

LAMPIÃO *(passa-lhe o braço pelos ombros.)* — Parece até gemido de coã cm beira de rio! *(Ri.)* Pois eu sinto hoje o meu coração leve, que é feito uma pena. Para mim, o mundo é meu. A coisa estando viva em cima da terra, se a minha palavra não alcançar, a bala do meu fuzil alcança. Acima de mim, só os poderes de meu Padrinho, de Nossa Senhora e dos santos. E meu Padrinho é meu amigo, e os poderes do céu nunca vão me fazer mal.

MARIA BONITA — Não se zangue com o que eu vou dizer. Mas se lembre de Antônio Silvino. Ele também se pabulava de ter corpo fechado e acabou sendo preso...

LAMPIÃO — Antônio Silvino foi traído. Tomou amizade ao diabo de uma mulher e a desgraçada entregou o pobre aos macacos. Mas eu — olha bem pra mim, Maria! —, eu não me entrego em mão de mulher. Nem nas tuas.

MARIA BONITA — Você tinha coragem de me largar?

LAMPIÃO — De largar, não sei. Mas de matar, tinha. Acho que em certas horas até tinha gosto de te matar.

MARIA BONITA — Pois então, por que não mata? Pensa que eu tenho amor à vida? Quando me determinei a ganhar o mundo com Lampião, minha vida deixou de ser minha. Se até tive a coragem de largar os meus filhos sem dizer adeus...

LAMPIÃO *(sombrio.)* — Já lhe disse que não fale nos seus filhos, Maria. Se quiser que eles continuem vivendo, faça de conta que já estão mortos. Ou melhor, faça de conta que eles nem ao menos nasceram.

MARIA BONITA — Por que ter ódio dos pobres inocentes? Eles nunca te fizeram mal. Se alguém tem direito de odiar, o direito era deles...

LAMPIÃO *(em voz baixa, sufocada.)* — Já lhe disse que não fale neles. Pensa que é fácil eu aturar o pensamento de que você já teve filho pelas obras de outro homem? Sinto mais ódio deles do que do pai. O pai, você que usou dele. Mas os filhos foi que te usaram. *(Pausa.)* Você sabe por que é que eu ainda não matei o sapateiro, Maria?

MARIA BONITA — Ele é tão esmorecido, tão nojento...

LAMPIÃO — Outro dia, no cerco dos Pereiras, Ezequiel ficou doido de raiva porque eu não deixei ele atirar antes da hora e se pôs a gritar que eu estava afrouxando, que eu não era mais homem — e a prova é que eu deixava o teu marido continuar vivendo...

MARIA BONITA — Me admira o que você aguenta da boca de seus irmãos.

LAMPIÃO — Nesse dia castiguei. Aquele menino é doido, quando fica danado não sabe o que diz. Afinal, é o meu sangue...

MARIA BONITA — Um dia, tenho medo de uma desgraça.

LAMPIÃO — Ele é atrevido, porém acaba se enxergando. É malcriado, mas tem medo de mim. (*Pausa.*) Mas quer saber por que eu ainda não matei o desgraçado daquele sapateiro, Maria?

MARIA BONITA — Pensei que você tinha dó. O pobre, afinal, não é culpado de ter-me conhecido primeiro.

LAMPIÃO — Vou lá ter dó daquilo! Para mim, era mesmo que um rato que eu estourasse debaixo do pé. E se ainda não dei cabo dele, foi para ter em quem desabafar, quando eu não puder mais, quando estiver rebentando de paixão danada. Quando começo a pensar em tudo que já se passou, em tudo que você fez longe do meu poder... Coisa que todo o mundo sabe por aí, só eu que não sei... Me reina até acabar com toda a gente que já te viu com ele, e agora te vê comigo.

MARIA BONITA (*passa-lhe a mão pela face, ternamente.*) — Mas eu antes era Maria Déa... Hoje, ninguém se lembra desse nome. Agora só quem existe é Maria Bonita, a mulher de Lampião.

LAMPIÃO — Pode ser. Mas todo o mundo sabe que houve um homem que te levou donzela da casa do teu pai, e que andam por aí esses meninos, teus filhos... E assim, vou guardando o sapateiro... Para ter ele à mão, ter em quem me vingar, em vez de me vingar nos teus filhos. Deixa ele viver enquanto eu vou aguentando. No dia em que não puder mais, acabo com o miserável, e desafogo o coração...

MARIA BONITA *começa a chorar.*

MARIA BONITA — Meus filhos não podem pagar pela vida que a mãe leva...

LAMPIÃO — Pra que você chora? Afinal, eles não estão vivos? Tem quem me chame de bandido, de malvado, mas a verdade é que eu não tive a coragem de acabar com esses meninos. E ainda uma vez lhe aviso, Maria: se você quer que eles continuem vivendo, deixe eu me esquecer de que eles existem no mundo.

MARIA BONITA — E se é assim, por que ao menos você não consentiu que eu criasse o filho que era seu? Por que me obrigou a enjeitar a criança, e dar pra aquele padre criar?

LAMPIÃO (*cada vez mais sombrio.*) — Não quero filho nenhum. Este meu reinado não tem herança. Se eu quisesse deixar alguma coisa para filho... se eu quisesse algum filho comigo, mandava buscar um desses que semeei por aí. Nem sei quantos, antes de te conhecer. Nesse tempo eu não carregava mulher comigo, em cada parada era uma nova... (*Segura a mulher pelos ombros.*) Mas filho teu, não, Maria. Não quero menino contigo, dormindo na tua rede, te agarrando, te chupando. Nem com filho te reparto.

MARIA BONITA — Às vezes tenho medo de que você ande fora do seu juízo...

LAMPIÃO (*respira com força.*) — E quando chegar a hora da morte, se eu não houver te matado antes, ainda hei de ter força para apertar o gatilho e não deixar que você fique viva depois de mim.

MARIA BONITA — E eu? Se eu fosse pensar no que você fez no mundo, antes de me conhecer... e até depois que estou na sua companhia! Se eu saísse matando esses teus filhos?

LAMPIÃO — Cale a boca. Não se compare comigo. Você é mulher, e basta.

MARIA BONITA — E você, no final de contas, também é um vivente igual aos outros.

LAMPIÃO — Escuta, Maria: se chegasse o Dia de Juízo, tudo quanto fosse cristão se finasse, e só ficasse eu de vivo — o mundo não se acabava, porque tinha ficado um homem!

Ouve-se um rebuliço, um grito.

UM CABRA — Vem gente!

AZULÃO *(de fora.)* — Sossega, compadre Moderno. Somos nós, de volta.

Entram AZULÃO, PERNAMBUCO *e* ARVOREDO.

LAMPIÃO *(levanta-se.)* — Que demora foi essa? Daqui aos Barreiros não dá duas léguas! E minhas ordens, se cumpriram?

Pausa. AZULÃO *adianta-se dos companheiros, tira o chapéu, baixa a cabeça.*

LAMPIÃO — Cadê Antônio Ferreira? Cadê os outros?

ARVOREDO *e* PERNAMBUCO *se aproximam, seguidos de perto pelo resto do bando, tendo à frente* EZEQUIEL *e* SABINO. *Só* MARIA BONITA *continua sentada.*

LAMPIÃO *(com voz terrível.)* — Cadê Antônio Ferreira?

AZULÃO — Aconteceu uma desgraça, capitão...

MARIA BONITA *(erguendo-se assustada.)* — Meu coração bem que me dizia!

LAMPIÃO *(detendo* MARIA BONITA.*)* — Não comece, Maria. *(Para* AZULÃO.*)* Que desgraça foi essa, cabra?

AZULÃO *(tremendo, com voz sumida.)* — Seu irmão Antônio foi baleado, capitão...

Enquanto AZULÃO *fala, encostam-se timidamente a ele
os outros dois,* PERNAMBUCO *e* ARVOREDO.

LAMPIÃO — Hem? Que história é essa, cabras? Quem baleou o Antônio?

PERNAMBUCO — Pela luz que nos alumia, capitão, ninguém tem culpa. Seu irmão morreu de sucesso.

LAMPIÃO *(com a fala branda de repente.)* — E que sucesso foi esse? *(Silêncio aterrorizado dos outros.)* Quero saber o que foi!

AZULÃO *(trêmulo.)* — Não vê, capitão... Nós chegamos na casa dos Barreiros... Antônio Ferreira entrou na sala, junto com os presos, e foi falar com o seu Juventino. Aí nós, que ficamos de fora, vimos uma rede armada no alpendre... E, mais de vadiação, caímos nela, todos três... Nesse instante Antônio Ferreira saiu da sala, viu o bolo dentro da rede, se meteu no meio da gente, empurrando, dizendo prosa... No ruge-ruge, um fuzil caiu no chão, disparou sozinho... e a bala pegou nele, no lado esquerdo, bem na arca do peito...

SABINO *(dando um passo à frente.)* — Acho essa história muito mal contada!

AZULÃO *(rápido, leva a mão à arma, virando-se para* SABINO.*)* — Seu Sabino, do capitão eu aguento, mas o senhor não me ponha de mentiroso!

LAMPIÃO *(sempre calmo.)* — Se aquietem.

PERNAMBUCO (*quase chorando.*) — Foi desgraça mesmo, capitão. Ninguém queria mal a Antônio Ferreira. Lhe juro, capitão! A bala saiu sozinha, parecia mandada!

LAMPIÃO — Já disse que se aquietem! (*Pausa.*) E cadê Antônio?

AZULÃO — Deixamos lá fora na rede.

LAMPIÃO — Vão buscar.

> *Correm os cabras para fora,* AZULÃO *na frente. Com pouco entram todos, carregando uma rede que tem dentro um corpo.*

LAMPIÃO — Quando foi que ele morreu?

PERNAMBUCO — Morreu na mesma hora, capitão. Morreu a bem dizer com a alma dentro...

> *Todos se descobrem,* LAMPIÃO *avança uns passos, baixa lentamente a cabeça, puxa a varanda da rede, contempla demoradamente o irmão, em silêncio.* MARIA BONITA *cai de joelhos junto ao corpo.*

MARIA BONITA — Ó Maria concebida sem pecado!

OS CABRAS (*de cabeça baixa, recolhidos, benzem-se, respondem.*) — Rogai por nós que recorremos a vós!

PONTO-FINO (*num grito esganiçado, interrompendo a reza.*) — Você acredita nesses cabras, Virgulino? Eles mataram Antônio Ferreira, e há de ter sido à traição!

LAMPIÃO — Sossega, Ezequiel. Pode ser verdade. (*Enfia a mão dentro da rede, tateia o peito de* ANTÔNIO FERREIRA.) Está morto mesmo. Já está esfriando.

Maria Bonita *(chorando e rezando.)* — Santas almas do purgatório...

Lampião *(larga a rede, recua um passo; contempla os três cabras, cabisbaixos, visivelmente apavorados. Fala depois para o grupo que cerca o cadáver.)* — Se afastem todos!

> *Todos se afastam lentamente, salvo* Maria Bonita, *que continua ajoelhada, rezando em voz mais baixa o bendito dos defuntos. De repente ela exclama.*

Maria Bonita — Coitadinho, parece um menino, o pobre do teu irmão!

Lampião *(para os cabras, sem escutar o que ela disse.)* — Compadre Sabino acha a história mal contada... Ezequiel diz que é de ter havido traição... Eu, de mim, não sei... Antônio Ferreira era meu irmão, mas a verdade se diga... não se dava a respeito com a rapaziada...

> Sabino *abana energicamente a cabeça, resmungando.*

Ponto-Fino *(avança para os três, com a mão no cabo da faca.)* — Você pode não saber, mas eu sei!

Lampião — Sai daí, Ezequiel, senão te acontece alguma. Já não basta um? *(Para os seus homens.)* Peguem esse menino.

> Moderno, Pai-Velho, Corisco *seguram* Ezequiel, *que se debate; obrigam-no a sentar-se na sela que* Lampião *ocupava momentos antes.* Ezequiel, *dominado pelos outros, esconde a cara nas mãos, chorando de raiva.*

PERNAMBUCO *(juntando as mãos.)* — Capitão, pela luz dos seus olhos, acredite!

LAMPIÃO *(irônico.)* — Deixe pra lá a luz dos meus olhos. Se lembre de que eu já tenho um olho cego!

Pausa. Todos esperam, de respiração suspensa.

LAMPIÃO *(devagar, como dando uma sentença.)* — O que eu sei é que pode ser verdade, mas também pode ser mentira. Meu irmão está morto, não tem como abrir a boca pra desmentir ninguém. Por causa das dúvidas, deixo vocês vivos. Mas se sumam da minha vista. Se escondam, até que eu me esqueça dessa vadiação infeliz que fez o Antônio morrer...

Os três cabras recuam, como se não acreditassem direito que estão livres. Silêncio de espanto dos demais. Quando os cabras vão dando a meia-volta, para sair, LAMPIÃO *adverte.*

LAMPIÃO — Sim, vocês vão, mas deixam as armas. Não se lembram de que o armamento é do capitão?

PONTO-FINO *se ergueu, mas* CORISCO *e* PAI-VELHO *ainda lhe seguram o braço. Trêmulos, os três culpados se despojam das armas. Enquanto isso,* LAMPIÃO *faz um sinal discreto a* SABINO, *que se põe a seu lado.*

LAMPIÃO *(para os cabras.)* — Botem no chão... aqui... assim...

Depois que depõem, aos pés do chefe, o rifle, as cartucheiras, a pistola da cinta, os três cabras se endireitam e fitam o capitão, como se esperassem uma última ordem.

LAMPIÃO *(volta-se para* SABINO *e grita com voz aguda.)* — Fogo neles, compadre Sabino! *(Ele próprio detona o* parabellum *e se volta para os demais.)* Fogo neles, meninos!

Fuzilaria. Os cabras caem, baleados mortalmente.
EZEQUIEL, *solto, avança como um demônio para os corpos caídos no chão, com a faca erguida.*

PANO

TERCEIRO QUADRO

CENA ÚNICA

O local é o mesmo do segundo quadro, mas foram feitos melhoramentos: ergueram uma latada de ramos secos para abrigo do fogo e dos trastes. Um cepo é posto a servir de banco. Há algumas tentativas de conforto: uma forquilha enterrada no solo onde MARIA BONITA, *pendura roupas e chapéu. As selas, também, em vez de atiradas ao chão, são penduradas pelo rabicho a um dos esteios da latada. Vê-se uma rede desarmada, presa a outro esteio.*

Como sempre, o rancho dos cabras fica ao fundo; uma simples pestana de ramos secos, que por ora está sem ninguém.

É dia alto. Ao pé do fogo, está PONTO-FINO, *de cócoras, ocupado em assar nas brasas uma espiga de milho.* PAI-VELHO *e* SABINO, *ao fundo, jogam um truco falando de vez em quando expressões do jogo: "Vale nove! Vale seis! Truco!"*

MARIA BONITA, *sozinha debaixo da latada, costura, sentada no cepo. O ambiente é pacífico. Ouve-se de longe um som de sanfona, tocando "É lampa, é lampa, é lamparina, é lampião".*

LAMPIÃO *aparece, vindo do banho na cacimba próxima. Acaba de afivelar a cartucheira à cintura, está sem chapéu, que*

*se vê pendurado à forquilha-cabide. Aproxima-se da mulher, que
levanta os olhos para ele.*

Maria Bonita — A água prestava?

Lampião — Pelo menos é melhor que a da cacimba velha.
Aquela talhava o sabão. Cadê os frascos de cheiro?

Maria Bonita — Estão aqui, no embornal.

*Maria Bonita levanta-se, vai à forquilha, onde também
estão pendurados os seus dois embornais. Enfia a mão num
deles, apanha uns dois frascos de perfume, que entrega ao
companheiro. Lampião cheira um frasco, depois o outro, escolhe
um; Maria Bonita recebe o frasco recusado e vai guardá-lo
onde o tirou. Lampião destampa o vidro
e se perfuma generosamente, no rosto, no pescoço,
no cabelo. Entrega o vidro a Maria Bonita,
que desta vez não se levanta, põe descuidosamente
o perfume no chão ao seu lado.*

Lampião — E café?

*Maria Bonita levanta-se novamente, apanha de sobre a
pedra da trempe uma chocolateira e enche de café uma caneca
de ágata que tirou da prateleira improvisada perto do fogo.
Ponto-Fino, que continua a assar o milho, ajuda-a.*

Maria Bonita — Guardei quentinho pra você.

*Lampião senta-se em outro pedaço de madeira, posto como
assento, vis-à-vis ao de Maria Bonita. Tira do cinto uma
colher de prata e baixa o olho míope para a caneca. Mexe o
café, depois examina a colher, cuidadosamente.*

MARIA BONITA — Credo em cruz, homem! Até de mim você desconfia?

LAMPIÃO — Até do meu anjo da guarda.

Enquanto eles falam, PONTO-FINO *acaba de assar o milho, levanta-se e caminha em direção aos jogadores; acocora-se ao pé deles e fica a peruar o jogo, enquanto mordisca a espiga.*

MARIA BONITA — Se eu fosse você, não tinha essa fé tão grande nessa tal colher de prata. Já me disseram que existe veneno que não escurece a prata.

LAMPIÃO *(que vai levando a caneca à boca, retira-a vivamente, e com a mão livre segura* MARIA BONITA *pelo pulso.)* — Quem te disse? Quem anda te ensinando a me dar veneno?

MARIA BONITA *(livrando o pulso.)* — Se eu quisesse matar você, não precisava ensino de ninguém. Há muito jeito no mundo de se acabar com um homem.

LAMPIÃO — Maria, quem te ensinou que existe um veneno novo que não escurece colher de prata?

MARIA BONITA — Ninguém me ensinou. Faz muito tempo, o finado Antônio Ferreira, me vendo arear sua colher, disse que não é todo veneno que escurece a prata. Há muito veneno que deixa ela branca.

LAMPIÃO — Coisa fácil é a gente encher boca de defunto com conversa que ele nunca teve.

MARIA BONITA — De primeiro, quando você começava com essas coisas, eu tinha raiva. Depois, sentia vontade de chorar. Agora o que me dá é aquele desânimo! Será possível que depois de tantos anos... tanta luta... tanto sangue derramado... sangue meu... seu... dos seus irmãos... dos companheiros... você ainda pense em traição? De que me servia a vida você morto? Não vê que eu sou como outra banda de você... Quer que eu tire a roupa, lhe mostre as marcas de bala, que você esqueceu? Bala que eu levei, correndo na frente delas, com medo que matassem você? Se você um dia cair morto a meu lado, só o que me resta é ficar na linha de tiro e esperar que eles me chumbeiem também! (*Pausa.*) Você já pensou no que os "macacos" haveriam de fazer se apanhassem a mulher de Lampião... viva?

LAMPIÃO — O que eu sei é que um homem como Lampião é sozinho no mundo. Nem mulher tem. Nem filho, nem irmão, nem parente. Por ele, só mesmo os santos do céu.

MARIA BONITA — Te benze, homem, te benze. Quem renega os seus, morre sozinho.

LAMPIÃO — Ah, isso é que não morro! Sozinho, não! No dia em que eu morrer, vai haver tanto defunto que até urubu enfara. Isso eu prometo. Porque o meu destino é morrer atirando — e quando eu atiro, bala não se perde. (*Passa a mão pelas cartucheiras que lhe cruzam o peito.*) Estas, pelo menos, vão todas...

> SABINO *acaba a mão de jogo, levanta a vista, vê* LAMPIÃO, *ergue-se, aproxima-se.* LAMPIÃO *volve-se lentamente, acompanhando a marcha do outro, como desagradado de o ver chegar-se. Esquecido das suas desconfianças, leva à boca*

a caneca de café que ainda tinha na mão; mas acha o café frio, joga-o longe. MARIA BONITA *olha-o atirar fora o café e nada diz, volta à costura.* SABINO, *como todos os homens de* LAMPIÃO, *não se sente à vontade junto de* VIRGULINO. *Mas é audacioso e, por fanfarronada, exagera uma displicência que não sente.* LAMPIÃO *trata os cabras mais graduados —* SABINO, CORISCO *e* PAI-VELHO, *por "compadre". Evita assim a cerimônia de "o senhor" e a intimidade do nome de batismo ou do apelido. Os cabras, de alto a baixo, tratam o chefe de "capitão". Só* VOLTA-SECA *o chama "padrinho" e lhe toma a bênção.*

SABINO — Afinal, hoje se inteiram as três semanas...

MARIA BONITA *(erguendo os olhos da costura.)* — Três semanas de quê?

SABINO — O capitão sabe. Três semanas que os homens saíram com a carta para o interventor. Quero ver...

LAMPIÃO *(interrompe rispidamente.)* — Quer ver o quê? Que é que eu posso fazer mais? Estou cumprindo a trégua, não estou? Faz três semanas que na caatinga não se dá um tiro! Acham pouco?

SABINO *(manso, meio irônico.)* — Não, capitão, acho muito. Não tenho fé em resposta do interventor.

MARIA BONITA — Eu também já disse que governo não faz acordo com cangaceiro. E quando faz, é para não cumprir.

LAMPIÃO — Não estou pedindo favor dele! Não quero graça de ninguém! O favor sou eu que faço, para não me chamarem mais de bandido e assassino. Mandei o tratado de paz. Com a minha mão assinei o papel e tudo que eu dizia nele era de coração aberto.

Sabino — Mas eles não acreditam. Pensam que é emboscada.

Lampião — Nesse caso, pior para eles. Se querem é guerra, eu de guerra não tenho medo. (*Passa a mão pelo papo-de-ema cheio de dinheiro que traz à cinta. Ri.*) Afinal, a guerra é só meio de vida que eu conheço.

> *Nesse instante aproxima-se* Ponto-Fino, *a terminar de comer a sua espiga de milho. Encosta-se a um dos esteios da latada e interrompe a conversa.*

Ponto-Fino — Gente, onde é que anda Volta-Seca?

Maria Bonita — Mandei o menino dar uma chegada na bodega da Maria Turca. A gente estava desprevenida de açúcar e fósforo.

Sabino — Pois me admira a Maria Turca merecer essa confiança...

Lampião (*ríspido.*) — Ela manda com ordem minha.

Ponto-Fino — Da Maria Turca eu não desconfio. Já do moleque não digo o mesmo.

Lampião (*brusco.*) — Que foi que ele fez?

Ponto-Fino — Fazer mesmo, não fez nada. Mas depois que, por causa dele, você se estrepou com o Corisco, o diabo do moleque ficou impossível. Está pensando que é homem...

LAMPIÃO — E homem ele é. Aquilo pode ser pequeno, mas de faca na mão é mais homem do que muito caboclo que anda por aí...

PONTO-FINO — Ele só é homem quando está com as costas quentes. Na hora em que estava arranhando a velha, de faca, parecia mesmo um cabra macho. Mas assim que Corisco lhe meteu um cachação no pé do ouvido, o cabrocha se encolheu, até perdeu a fala...

LAMPIÃO — Compadre Cristino fez muito mal em levantar o braço pro menino. Em cabra meu, só eu mesmo boto a mão. Não lhe dei um ensino naquela hora porque estava muito atropelado... Com os "macacos" na minha pisada, era melhor não ter questão...

MARIA BONITA — Assim mesmo ele desconfiou. Tanto que anoiteceu e não amanheceu.

PONTO-FINO — E agora o diacho do moleque anda se pabulando de que botou pra correr um famanaz feito Corisco!

LAMPIÃO (sorri.) — Deixa ele. Aquilo é menino espritado. (Para PONTO-FINO.) Tu, na idade dele, ainda andavas furtando bode em chiqueiro, não tinhas nem feito uma morte...

PONTO-FINO *vai responder,* MARIA BONITA
o adverte, segurando-lhe a manga.

MARIA BONITA (*em voz baixa, olhando a medo para* LAMPIÃO.) — Sossega, Ezequiel!

Nesse momento a atenção de LAMPIÃO *e* SABINO
é atraída por um ladrar de cachorro.

SABINO — Falou no cão! Lá vem ele.

Entra VOLTA-SECA, *correndo, acenando*
com um jornal dobrado na mão.

VOLTA-SECA — Meu padrinho! Fui fazer compra na Maria Turca e achei lá este jornal que deixaram para o senhor.

PONTO-FINO — Quem deixou?

VOLTA-SECA — Disse a Maria Turca que meu padrinho há de saber quem foi.

Enquanto os dois falam, LAMPIÃO *toma o jornal,*
desdobra-o e sorri, displicente e vaidoso, ao contemplar
um clichê na primeira página.

LAMPIÃO — Esses condenados gostam mais de retrato meu do que de registro de santo...

PONTO-FINO *e* SABINO, *embora curiosos, mantêm-se*
em expectativa, sem se atreverem a espiar por cima
do ombro do chefe. PAI-VELHO *também se aproxima.*
MARIA BONITA *é que se levanta, e se achega*
a LAMPIÃO, *para ver o retrato.*

MARIA BONITA — Gosto mais de ver o teu retrato quando sai em revista. Em jornal fica tudo um borrão só. A gente nem pode reparar direito na feição.

VOLTA-SECA — Meu padrinho, a Maria Turca mandou dizer que vêm uns anúncios por baixo do retrato e que se o senhor ficar malsatisfeito, desculpe. Portador, o senhor sabe...

MARIA BONITA *(lendo devagar, quase soletrando.)* — O rei... do can... gaço... o... fere... ce... paz...

LAMPIÃO *(orgulhoso.)* — Está aí! E está certo! Pois não foi o que fiz? Ofereci a paz!

MARIA BONITA *(continua a soletrar.)* — A au... da... au...

LAMPIÃO *(afastando-a.)* — Deixa que eu leio. (*Lê melhor do que ela, mas não correntemente.*) "A audácia do bandido não conhece limites... O bandoleiro sanguinário se atreve a fazer propostas de paz ao interventor, tratando-o de potência a potência... O governo prepara enérgica represália à insolência de Lampião. Diz o interventor federal em entrevista ao nosso repórter que, para Lampião, a polícia pernambucana só tem duas respostas: bala ou cadeia..."

LAMPIÃO, *lentamente, lívido, baixa a mão que segura o jornal.*

PONTO-FINO — Que é que diz mais?

LAMPIÃO — Já chega. (*Amarrota o jornal devagar. Pausa.*) Ah, bem, então é assim. É assim que eles recebem a minha mão aberta. Com bandido não tem acordo... Pois eles vão conhecer o bandido... Assassino, não é? Eles nunca viram antes o que seja um assassino. Mas vão conhecer agora... O estado de Pernambuco pra mim só tem cadeia e bala... Pois vai ver o que Lampião tem pra Pernambuco...

Sabino — Eu, por mim, nunca acreditei que o governo desse resposta.

Lampião *(ameaçador.)* — O seu mal, Sabino, é ser muito adiantado. Adivinha as coisas antes de acontecer.

Sabino *(sem se intimidar.)* — Eu não adivinho não senhor, eu reparo. Então não está entrando pelos olhos da humanidade? Governo não vai acabar com o meio de vida da polícia.

Ponto-Fino — Lá isso é. Polícia não quer acabar com cangaceiro. Eles vêm a uma légua de distância e a gente já está escutando o estalo da corneta. Querem que a gente se aquiete, ou vá para longe, pra eles não serem obrigados a brigar.

Maria Bonita — E quando os cangaceiros vão embora, chega a vez deles roubarem, pegarem moça, fazerem estripulia...

Ponto-Fino — E não dispensam de arrancar da cova cangaceiro defunto, pra ver se traz dinheiro amarrado na barriga!

Sabino — Besta é quem se fia em declaração de governo!

Lampião *(que desamarrotava o jornal, pensativo, vira-se de brusco para* Sabino.*)* — Homem, por falar em cova, você gosta de pisar na beira da sua sepultura! Olhe que até o dia de hoje ainda não tinha nascido o cabra capaz de botar Lampião de besta!

SABINO (*intimidado.*) — Eu não lhe botei de besta, capitão.

LAMPIÃO — Já se viu que não. Foi meu engano. Mas escute uma coisa, compadre Sabino. Eles podem me botar nome no jornal, porque estão longe, latindo atrás da cerca; sabem que eu não posso ir no Recife tirar-lhes o couro. Mas na minha cara, compadre...

> *Deixa cair o jornal ao chão, leva a mão ao coldre do* parabellum. SABINO, *atento, ergue também a mão em procura da sua arma; mas* LAMPIÃO *saca primeiro a pistola e a aponta a* SABINO; *este, sem completar o gesto, recua, à medida que* LAMPIÃO, *lentamente, avança.*

SABINO — Eu não quis agravar ninguém, capitão!

LAMPIÃO — Seja como for, você está ficando muito inchado para as suas apragatas, compadre. Outro dia me chamou de esmorecido. Não negue, teve quem me contasse. E está sempre metendo ideia ruim na cabeça desse cabrito atrevido desse Ezequiel... Dele eu posso aguentar, porque é meu sangue... Mas o seu sangue, compadre, a cor dele eu não conheço... e tenho para mim, de uns dias para cá, que ele me fede mais do que me cheira...

SABINO — Tudo isso é falso, capitão, o senhor sabe!

Continua o mesmo jogo, empunhando a arma — o avançar lento de gato, enquanto SABINO *recua. Os outros se agruparam por trás de* PAI-VELHO, PONTO-FINO *e* MARIA BONITA, *tensos, as mãos nas armas, faca ou revólver, durante o balé de morte entre* LAMPIÃO *e* SABINO. VOLTA-SECA *é o único que se adianta e toma posição ao lado de* SABINO, *olhos fitos no padrinho.*

LAMPIÃO — Você está ficando muito soberbo... e rico, não é? Tem pra mais de cinquenta contos nesse papo-de-ema que traz na cintura... Sem falar nos ouros que usa... nesse anel de brilhante...

SABINO *(para de recuar, faz frente a* LAMPIÃO.*)* — Se atirar, não erre, capitão! Não erre, que eu não tenho medo do corpo fechado de ninguém!

LAMPIÃO *(o mesmo jogo de antes.)* — Você pode ser muito sabido, mas a mim não engana... Se, por uma comparação, no meio de uma marcha — eu na frente, você atrás —, você se descuidasse no gatilho e saísse um tiro perdido... lá estava Sabino Gomes com a herança de Lampião!

SABINO — Se quer atirar, atire, capitão, não precisa inventar desculpa!

LAMPIÃO *(ainda negaceando.)* — Qual, Lampião está frouxo... cego... morrendo de medo do governo... *(Grita subitamente para* VOLTA-SECA.*)* Afasta, menino!

Deflagra de repente a pistola, fuzila SABINO *com três tiros à
queima-roupa. Quando* VOLTA-SECA *salta de lado,* SABINO
*tenta sacar a arma, mas não tem tempo; cai, antes que sua
mão a alcance.* LAMPIÃO *recua, sopra o cano do* parabellum.
PONTO-FINO *se aproxima, empurra de leve o defunto com o
pé, solta uma risadinha nervosa.*

PONTO-FINO — Nem bole mais.

PAI-VELHO *se mantém imóvel, por trás de*
MARIA BONITA, *que, vendo* SABINO *cair, esconde
o rosto entre as mãos.* LAMPIÃO *olha-a um
momento, depois fala para o irmão.*

LAMPIÃO — Atirei alto, para o dinheiro não melar de
sangue...

VOLTA-SECA *ajoelha-se ao pé do cadáver, e procura
desafivelar o cinto que* SABINO *usava por baixo
da camisa, carregado de dinheiro.*

LAMPIÃO (*para* MARIA BONITA.) — Era ele ou eu... E se
eu não sou ligeiro... (*Ri.*) Mas o cabra esmorecido ainda pode
atirar! (*Para* VOLTA-SECA.) Me dá o papo-de-ema, menino,
deixa ver quanto é que tem!

VOLTA-SECA, *ainda de joelhos, passa-lhe o cinto.*
LAMPIÃO *põe-se a tirar as notas, metodicamente. O menino
de novo se curva sobre o morto, arranca-lhe um anel, que
enfia furtivamente no próprio dedo, olhando de soslaio o
padrinho, ocupado com o dinheiro.* PONTO-FINO, *que,
depois de constatar a morte de* SABINO, *recuara, chegando*

até onde está PAI-VELHO, *mantém-se imóvel,*
tomado de choque — e também de medo.
MARIA BONITA *recua lentamente, de costas, com*
os olhos pregados em LAMPIÃO, *com*
expressão de pasmo e terror.

PANO

QUARTO QUADRO

Cena Primeira

Mesmo cenário, tempos depois. Mas está tudo desmantelado, a latada meio derruída, na trempe os tições apagados. É pleno verão, não há um traço de verde, só a caatinga cinzenta.

São umas duas horas da tarde. Quando o pano se ergue, o palco está deserto. Ouve-se, bem claro, um pio de ave. De repente, escuta-se o tropel de pés a caminhar rápido, vozes em surdina, o tinir de armas. E, pela vereda que vem da esquerda, aparecem em fila Ponto-Fino, Lampião, Maria Bonita, Pai-Velho, Moderno. *Eles caminham em passo elástico, estão sujos, cobertos de pó;* Moderno *vem ferido, com um lenço manchado de sangue a lhe atar a cabeça. Todos têm rasgões na roupa.* Maria Bonita *está com os cabelos despenteados, traz na mão o grande chapéu de feltro com a fita ornada de medalhas.*

Os outros, apesar do desalinho, vêm, é claro, armados até os dentes.

Ponto-Fino *(que caminha à frente, olha para todos os lados, faz sinal aos outros de que se podem aproximar.)* — Está tudo quieto.

PAI-VELHO *curva-se, quase farejando*
o chão, como um cachorro.

LAMPIÃO — Rastreia alguma coisa, PAI-VELHO?

PAI-VELHO — Não senhor, capitão. Nem aqui nem no caminho tem rastro de animal ou de pessoa estranha. (*Passa o dedo por um sinal do chão.*) Pode ter passado aqui alguma onça, ou outro bicho brabo, atrás de lamber a cinza... Assim mesmo, já faz tempo...

LAMPIÃO (*adianta-se num ar furtivo, não de medo, mas de cautela e tensão, como animal bravo que pressente perigo.*) — Se eles derem com a gente aqui; só nos fica restando mesmo a grota do Angico...

MARIA BONITA (*atira-se num dos cepos, exausta.*) — Deus que me defenda. Tenho um medo desesperado daquele grotão. Parece a boca do inferno.

LAMPIÃO (*estirando-se no chão ao lado da mulher.*) — Mas ali é a minha derradeira segurança. Perto do rio, longe de povoado. Casa de coiteiro é bom, mas acaba conhecida. Ou ele fala, ou começa a gastar, e no fim se descobre. A grota do Angico ninguém nem sabe onde é.

PAI-VELHO — Fora o coiteiro, o Pedro Cândido.

PONTO-FINO — Antes que fale, a gente dá cabo dele. Como se fazia no tempo do cativeiro, com negro que ajudava a enterrar tesouro: matava o negro, e enterrava por cima do baú...

Ri.

Maria Bonita — A mãe de Pedro Cândido me disse que o sonho dele neste mundo é ser cabra de Lampião...

> *Enquanto conversam, todos se atiram no chão, esgotados.*
> Maria Bonita *desata da cinta um cantil de soldado,*
> *e bebe devagar, diretamente da boca da vasilha.*
> Lampião *espera um momento que ela mate a sede,*
> *depois lhe toma o cantil e bebe por sua vez.* Pai-Velho
> *desarrolha lentamente uma cabaça de pescoço e bebe.*
> *Desta vez os cangaceiros estão mais ou menos agrupados*
> *sem distinção de hierarquia; exceto* Moderno, *que,*
> *à boca da vereda, se pusera de sentinela a um gesto de*
> Lampião, *quando entraram.* Pai-Velho,
> *depois de beber, se levanta, vai até onde está*
> Moderno *e lhe oferece a cabaça.*

Ponto-Fino *(continuando a conversa.)* — Eu, da grota não tenho medo. Tenho medo é da viagem. Fazer na sola da apragata as vinte e sete léguas que tem daqui até lá! *(Senta-se no chão e começa a desamarrar um lenço de seda que lhe prende o tornozelo.)* Ai, quem havia de dizer que o amarelo do sargento Calu nos dava semelhante carreira! *(Examina a perna, suspira.)*

Maria Bonita *(displicentemente, sem se mover de onde está.)* — O sangue parou?

Ponto-Fino *(amarra novamente o tornozelo.)* — Parou, graças a Deus. *(Estira-se no chão, corre os olhos pelos companheiros, como se os contasse.)* Vejam só a que está reduzido o bando do Imperador do Sertão: quatro homens e uma mulher, e nem ao menos um jumento para servir de cargueiro.

LAMPIÃO — Ora, dê graças a Deus por ter saído com a vida...

PAI-VELHO *(irônico.)* — E cargueiro pra carregar o quê?

MODERNO *(que mantém a sua sentinela um pouco descuidadosamente, encosta o rifle na curva do braço e remexe no embornal.)* — Vocês têm alguma coisa no embornal? O meu está seco. Só trago um frasco de cheiro que tomamos daquele mascate.

PONTO-FINO — Que diferença do tempo em que a gente carregava loja inteira — peça de seda, caixa de extrato, sapato branco do bico fino... *(Procura também no seu embornal.)* Eu ainda tenho um pedaço velho de carne-seca...

PAI-VELHO — Pois eu já sou mais prevenido. Espie só se vou atrás de vidro de cheiro!

PONTO-FINO — Também, quem é que vai cheirar um gambá velho desses...

Os outros riem, inclusive LAMPIÃO.

PAI-VELHO *(irritado.)* — Você pode pensar que é príncipe, por ser de sangue real, porém respeite os mais velhos. Se lembre de que você ainda não era nascido e eu já tinha toda a polícia da Paraíba atrás de mim!

PONTO-FINO, imediatamente em guarda,
assume uma atitude insolente; mas intervém
MARIA BONITA, *conciliadora.*

MARIA BONITA — Se acalme, Pai-Velho. Ezequiel falou de brincadeira.

MODERNO *(do seu posto.)* — Ezequiel podia tomar mais tenência. Brincadeira de homem cheira a defunto.

PONTO-FINO *(insolente.)* — Ora, lá vem o beato Moderno, pregando santa missão!

MODERNO — Teu irmão Antônio Ferreira também não se dava ao respeito, nem tomava conselho de ninguém...

PONTO-FINO *(fica de pé, encaminha-se para* MODERNO.*)* — Moderno, você não pense, só porque é meu cunhado...

MARIA BONITA *(levanta-se também, coloca-se entre os dois e indica com gesto* LAMPIÃO*, absorto.)* — Tenha modo, gente! Ainda acham pouco? Querem aperrear mais o homem? *(Dirige-se a* PAI-VELHO, *que voltava a examinar o farnel.)* Afinal, que é que o senhor tem aí, Pai-Velho?

PAI-VELHO — Tem obra de uma cuia de farinha, uma rapadura e uma latinha de pó de café.

MARIA BONITA *(olha em torno de si com ar de fadiga. Torna a sentar-se.)* — Se me arranjassem uns garranchos de lenha, eu podia fazer um café.

PONTO-FINO — Eu vou caçar a lenha.

> *Durante este diálogo,* LAMPIÃO *se conserva distraído; está sentado no cepo, à esquerda, um pouco afastado dos outros, cabeça baixa, a morder os beiços, mergulhado*

numa preocupação severa. PONTO-FINO *sai,* PAI-VELHO *tira
a comida do alforje (a farinha num saco de pano,
a rapadura embrulhada em jornal, uma latinha com o café).*
MARIA BONITA *levanta-se, remexe ao pé dos esteios da
latada, encontra uma vassoura de garranchos, e põe-se a varrer
a cinza entre as pedras da trempe. Depois apanha
a velha chocolateira, negra de fogo, que ficou no
acampamento, pendurada a uma das pontas da
forquilha. A moça se dirige a* PAI-VELHO.

MARIA BONITA — Pai-Velho, que água o senhor tem aí nessa cabaça?

PAI-VELHO *(sacode a cabaça junto do ouvido.)* — Eh, dona... já está maneira, maneira! Não dará mais nem duas sedes d'água...

MODERNO — A cacimba do Carcará fica bem ali.

PAI-VELHO — Se já não estiver seca.

MODERNO — Qual! Aquilo só seca ao depois de novembro.

MARIA-BONITA — Pois é bom alguém tratar de arranjar água. Se a gente mata a sede, aguenta a fome muitos dias.

MODERNO — Deixe estar que eu vou. Pai-Velho, quer me emprestar a cabaça?

MARIA BONITA — Espere aí.

Toma a cabaça das mãos de Pai-Velho, *despeja-lhe a água na chocolateira, e passa a vasilha a* Moderno, *juntamente com o seu cantil.*

Moderno — O diabo não é a viagem, é a vasilha. Isto aqui não dá para nada.

Pai-Velho *(levantando-se.)* — Acho que detrás dessas moitas aquele menino deixou uma cabaça grande, da outra vez... Estava meio rachada, mas ainda aguenta. (*Procura no fundo, entre as moitas de garranchos secos. Descobre a cabaça, que é bem grande, leva-a a* Moderno.) Pode ir, compadre Virgínio, que eu fico no seu lugar, pastorando o caminho.

Moderno *adianta-se pela vereda, espia cauteloso, dá os primeiros passos, quando de repente* Lampião *parece despertar da sua cisma e solta um grito irado.*

Lampião — Ei! Que invenção é essa de sair sem ordem minha? Vai fugido?

Maria Bonita — Fui eu que mandei o compadre Virgínio buscar água no Carcará.

Lampião — E quando é que você começou a dar ordens aos homens, em lugar do capitão?

Maria Bonita *(irritada.)* — Não tem mais água. Quer que a gente morra de sede? Pai-Velho disse que ficava botando sentido, no lugar dele.

Lampião *(com um gesto, manda o homem embora.)* — Está bem, vá. Mas ande ligeiro. E cuide em não deixar rastro apontando para cá.

MODERNO — Eu vou por cima das pedras.

Sai.

LAMPIÃO *(olhando* PAI-VELHO *a dar sentinela.)* — Sim senhor, é como dizia Ezequiel ainda agora: a bem dizer não resta nada do bando de LAMPIÃO. Se o compadre Virgínio não volta, fico com uma mulher e dois homens. *(Olha em torno, subitamente.)* E cadê Ezequiel?

MARIA BONITA — Foi apanhar lenha.

LAMPIÃO *(tira o chapéu, desafivela os talabartes, desata o lenço do pescoço, entreabre a blusa e, com o lenço que tirou, esfrega o rosto, o pescoço, enxugando-os do suor, limpando-os da poeira. Acabada a rápida higiene, tira o relógio do bolsinho das calças, olha as horas, sacode o relógio junto do ouvido.)* — Acho que esse troço parou. Com aquela correria desesperada, deixei passar a hora da minha oração do meio-dia. *(Levanta a vista para o sol.)* Há de ser bem duas horas. *(Dá corda no relógio.)* Assim mesmo... O mais certo é não zangar o santo. *(Vira-se para* MARIA BONITA.*)* Como é que você não me lembrou?

MARIA BONITA — Sabia lá de hora! Me dissessem que era meio-dia ou meia-noite, eu acreditava.

LAMPIÃO *(ajoelha, faz o pelo-sinal, põe as mãos, reza uma oração rápida. Apanha o chapéu, beija uma medalha que há nele, benze-se novamente, levanta-se. Fala com* MARIA BONITA.*)* — E você, não reza?

MARIA BONITA — Já rezei. Acho que nunca rezei tanto em vida minha. Era correndo e rezando, me encomendando com tudo quanto há de santo. *(Pausa.)* Só gosto de tiro pela frente. Tenho horror de tiro atrás de mim.

LAMPIÃO *(faz a conta nos dedos.)* — Jacaré, Braúna, Passo-Preto, Zabelê, Serra-Umã... morreu tudo.

MARIA BONITA — E Guará?

LAMPIÃO — Acho que esticou também. Mas não vi direito, só o sangue escorrendo de cabeça abaixo.

MARIA BONITA — Com ele, faz seis. E com Volta-Seca, inteira os sete.

LAMPIÃO — Dos outros não me importo. Cabra, pra mim, é como pau de porteira. Vai-se um, bota-se outro. Mas aquele menino tinha futuro.

MARIA BONITA — Será que já liquidaram com ele?

LAMPIÃO — Só Deus sabe. "Macaco" da Bahia é tão ruim quanto os de Alagoas. Se metem aí por um caminho deserto, dizem que o menino resistiu à prisão, e comem ele de bala.

Ouve-se uma detonação distante.

PAI-VELHO *(pondo-se de pé.)* — Capitão! Acho que é tiro!

LAMPIÃO *(salta de pé também.)* — Será que o Moderno esbarrou com alguém?

PAI-VELHO — Mais antes é aquele menino Ezequiel, atirando em alguma rolinha. Parece da arma dele.

LAMPIÃO — Aquilo é doido! Aquilo é menino desesperado! Ainda me chama os "macacos" para cá! (*Apura o ouvido. Escuta-se outra detonação.*) É. É tiro. (*Apanha o fuzil que deitara no chão e avança para o mato, meio curvo, no seu passo de gato, e faz sinal com a mão, chamando* PAI-VELHO.) Vamos ver o que é, Pai-Velho.

> *Saem os dois. Passa-se um momento largo, durante o qual* MARIA BONITA *está sozinha em cena, visivelmente apreensiva. Fica escutando tensamente. Pouco depois aparece* PONTO-FINO, *risonho, correndo, com um feixe de gravetos debaixo do braço e um pássaro morto na mão.*

PONTO-FINO — Foi só um gavião. Nem sei se a gente come isso.

MARIA BONITA — Então era você mesmo! Seu irmão saiu afobado, por aí, atrás dos tiros.

PONTO-FINO (*joga a lenha ao pé da trempe e ri.*) — Está aí a lenha. Então ele saiu em procura dos tiros? (*Ri novamente, senta-se no chão perto de* MARIA BONITA, *que começa a quebrar os gravetos, procurando acender fogo.*) Aquele meu irmão acaba tomando susto até com o miado dum gato novo...

MARIA BONITA (*voltando-se para* PONTO-FINO.) — Tem fósforo aí, Ponto-Fino?

PONTO-FINO (*dá-lhe os fósforos. Ela não consegue acender o fogo, gasta dois, três fósforos, inutilmente.* PONTO-FINO *se acocora ao seu lado.*) — Deixe estar que eu acendo, senão você acaba com os fósforos.

> *Os dois juntos acendem o fogo; depois, enquanto*
> MARIA BONITA, *com a faca que tirou do cinto, raspa a*
> *rapadura para adoçar a água do café,* PONTO-FINO *continua*
> *acocorado, a olhá-la. De súbito, ele estende*
> *a mão até os ombros dela.* MARIA BONITA
> *encolhe-se, como assustada.*

PONTO-FINO — Sua blusa se rasgou... (*Afasta um pouco o pano da gola.*) E até arranhou a pele...

MARIA BONITA — Qual de nós que não arranhou a pele? E ainda se agradece a Deus por escapar com a triste vida.

PONTO-FINO (*passa-lhe a mão pelo cabelo.*) — O cabelo maltratado... sujo de terra... Cadê aquele cabelo bonito, lustroso de banha de cheiro?

MARIA BONITA (*afastando-se.*) — Me larga, Ezequiel.

EZEQUIEL (*recolhe a mão, reclina-se sobre o cotovelo, estira as pernas, cantarola rindo.*) —

> "A mulher de Lampião
> É bonita natureza;
> Bota ruge e bota pó,
> Fica o suco da beleza!"

(*Passa o dedo pela face da mulher.*) Cadê o ruge, Maria? (*Ri.*) Minha gente, venham ver a mulher de Lampião!

MARIA BONITA *(que ainda está ajoelhada junto ao fogo, gira sobre os joelhos, encara-o, com a faca na mão.)* — Não facilite comigo, rapaz. Você debocha de todo o mundo, até de seu irmão. Mas comigo, tenha cuidado...

PONTO-FINO *(segura-lhe o pulso da mão que detém a faca, chega o rosto junto ao dela.)* — Não se zangue comigo, Maria, que eu não sou o culpado. É ele que lhe dá essa vida de cigano perseguido...

MARIA BONITA *(liberta o pulso com um movimento brusco.)* — Eu levo esta vida porque quero. Fui eu que me ofereci a ele.

PONTO-FINO — Quando eu for capitão deste bando, você vai ver...

MARIA BONITA — Daqui para você chegar a capitão deste bando vai custar muito.

PONTO-FINO — Quando eu for capitão do bando, te boto numa casa de telha e tijolo, na Rua do Juazeiro. Compro quadro do Coração de Jesus, cama de tela de arame, cadeira de balanço para você se balançar. Boto vinte negras na cozinha, dez negras servindo a mesa, e mais uma negrinha pequena, somente pra lhe abanar o calor...

MARIA BONITA *solta uma gargalhada.*

PONTO-FINO *(sério.)* — Não zombe. Você só vai andar na seda, sapato branco de salto alto, em cada dedo um anel, cordão de ouro de cinco voltas no pescoço, carregado de medalha...

MARIA BONITA — Cordão de ouro, e anel de brilhante, e broche de pedra, tudo isso eu tenho até pra rebolar fora, se quiser. E corte de seda — naquele cargueiro que foi perdido a semana passada, você sabe que eu tinha mais de quinze...

PONTO-FINO — De que servia, se não lhe aproveitou? Você podia muito bem viver na sua boa casa, feito uma rainha. Não precisava nem de guarda-costas. Quem era o louco, dentro do Juazeiro, com ousadia pra mexer com a mulher de Lampião? *(Ri.)* Era capaz até de virem tomar a bênção, toda boca da noite, conforme faziam com o Padre Cícero...

MARIA BONITA — Dobre a língua, Ezequiel! Não meta o nome de meu Padrinho nos seus disparates.

PONTO-FINO — Mandava buscar um automóvel novo, na Fortaleza, só para você passear.

MARIA BONITA — Felizmente não hei de estar mais viva nesse dia...

PONTO-FINO — Por quê? Sua vida não é amarrada na dele. Vocês não nasceram gêmeos.

MARIA BONITA — Minha vida não é amarrada na dele? É mais amarrada na dele do que se fosse inquirida com doze cordas.

PONTO-FINO — Às vezes fico pensando se não era melhor que ele morresse sem saber, de traição. Porque, se morrer numa briga, é muito capaz de acabar com a sua vida, vendo que a hora dele já chegou.

MARIA BONITA — Você não sabe que ele não se separa de um frasco de veneno? Vivo, ninguém o pega, e morto, me leva junto...

PONTO-FINO *(chegando-se bruscamente para ela.)* — Você sabe que ele desconfia de nós dois?

MARIA BONITA — Ele desconfia de mim com todo o mundo.

PONTO-FINO — Mas comigo ainda é pior. *(Ri.)* Pode ser que ele esteja adivinhando! *(Pausa.)* Outro dia, em caminho, me deu um empurrão, quase me derruba, quando viu que eu estava botando o meu pé em cima do teu rastro.

MARIA BONITA — Pois, então, tenha juízo. Já sabe como é: até com você, que é meu cunhado.

PONTO-FINO — Cunhado? Não sou cunhado de ninguém. Ele não é seu dono, não lhe tem de papel passado; seu marido é outro e está vivo, se lembre!

MARIA BONITA — Deixe de conversar bobagem, Ezequiel. Quando foi que Lampião precisou de papel passado para ser dono do que ele quer? *(Ri, amarga.)* Já faz muito em não se lembrar de me ferrar com o ferro dele!

PONTO-FINO — Se aquele cego desgraçado botasse ferro quente em você...

Maria Bonita — Não precisa você se meter, Ezequiel. Entre nós dois você não cabe. Deixe estar que numa hora dessas eu sozinha sei fazer me respeitar.

Ponto-Fino — Pode ser. Ele diante de você parece mesmo que não tem ação. Todo o mundo não diz que Lampião anda vivo e morto no rabo da sua saia?

Aparecem Lampião e Pai-Velho, saindo subitamente do caminho, como se quisessem surpreender os dois.

Lampião *(ainda está empunhando o fuzil, chega bem perto do irmão e da mulher, com uma ira assassina nos olhos. Fala para* Ponto-Fino.*)* — Então era você, hem? *(Empurra com o pé o gavião morto, que* Ponto-Fino *deixara no chão, perto do fogo.)* Pra que andou atirando? Para me fazer de besta, sair atrás dos tiros, enquanto você vinha correndo pra junto dela? Se levante daí, ande! Responda! Pra que andou atirando?

Ponto-Fino *(sua primeira atitude é receber as censuras do irmão, sem reagir.)* — Não tinha o que se comer.

Lampião — E você se esqueceu de que nós estamos com o sargento Calu na nossa pisada, seu doido?

Ponto-Fino *(pondo-se de pé e já começando a enfrentar o outro.)* — Quem quiser, tenha medo do sargento Calu. Eu não tenho.

Lampião — Pois se não tem medo dele, devia ter medo de mim! Não sei onde estou que não te corto de relho!

PONTO-FINO (*insolente.*) — Qual! Veja as minhas armas! LAMPIÃO só dá surra em cabra desarmado!

LAMPIÃO (*avançando para ele.*) — O quê, cachorro? O quê, atrevido? Tu tens coragem de levantar a voz comigo?

PONTO-FINO — Você deu fim a meus irmãos, porém comigo vai ser mais duro... (*Dando um passo à frente.*) Já teve quem me dissesse que foi você mesmo que mandou balear o Antônio... Ao depois, liquidou ligeiro com os cabras, pra eles não contarem a história...

LAMPIÃO (*parece uma onça, rosnando.*) — Cala essa boca, desgraçado, moleque sem criação!...

PONTO-FINO (*quase gritando.*) — E o Livino, nosso irmão Livino? Morreu dum tiro de "macaco"? Isso foi o que vocês disseram! Mas nunca no mundo ninguém viu quem atirou!

LAMPIÃO (*procurando acalmar-se.*) — Ezequiel, se você diz mais uma palavra...

PONTO-FINO (*histérico, gritando.*) — Que é que você me faz? Pensa que eu tenho medo? Tu só és capaz de fazer medo a velha, ladrão de moça donzela, gatuno de beira de estrada! Puxe o parabelo e atire em mim, se você é homem! Cego frouxo! Atire!

LAMPIÃO (*lentamente, em voz surda.*) — Eu tenho tido paciência até demais. Te aguentei muito desaforo, enquanto foi só má-criação de menino... Mas na hora em que você se bota a homem, e se enfeita para os lados da Maria...

Ponto-Fino — Pois atire! Atira nada! Tem medo que o sargento Calu escute os tiros!

Lampião *(larga o fuzil no chão e arranca da bainha a sua faca.)* — Não, você não vai morrer de bala, como homem. Vai ser sangrado de faca, como um porco...

Ponto-Fino *(puxa também a sua faca.)* — Pois é na faca mesmo que eu te pego, cego amaldiçoado!... É na faca!

Durante todo o diálogo, eles como que se esquentavam com as palavras. Todo duelo entre cangaceiros começa com essas escaramuças de insultos. Agora estão ambos com as lâminas nuas na mão e a briga é travada em silêncio, pontuada apenas pela respiração arquejante dos dois. O duelo deve ser o mais realístico possível. É uma esgrima feroz, ambos exibem imensa agilidade, são dois gatos lutando. Maria Bonita e Pai-Velho a princípio ficam de parte apavorados. Depois, à medida que o duelo se enfurece, Pai-Velho aproxima-se, procura apartar os contendores, mas tanto um como o outro se voltam contra ele e o ameaçam, feito dois cães contra um terceiro que procure entrar na briga. Maria Bonita acompanha ansiosamente a luta estendendo as mãos, como querendo interferir também, sem o ousar. Ambos os adversários começam a escorrer sangue de ferimentos leves. Pai-Velho, à nova interferência, leva um golpe no braço.

Ponto-Fino *(gritando.)* — Se afaste, Pai-Velho, se não quer morrer também!

Pai-Velho — Capitão, pelo amor de Deus! Capitão, se lembre de que é o seu sangue! Por alma de seu pai e sua mãe, capitão!

Mais uns segundos de luta.

MARIA BONITA *(chorando, aos gritos.)* — Sangue de Caim, é o que vocês todos têm! Sangue amaldiçoado, pior que bicho bruto!

LAMPIÃO *(olha-a rapidamente e fala, arquejante da luta.)* — Defende a ele, defende! *(Consegue apanhar* PONTO-FINO *distraído, que também se virara para a mulher, e grita súbito.)* É agora, cabra!

PONTO-FINO *cai, ferido no peito.* PAI-VELHO *corre, ampara-o.* MARIA BONITA *mete-se entre o velho e* LAMPIÃO, *que já se curvava sobre o irmão ferido, a lâmina ainda à vista.*

MARIA BONITA *(para* LAMPIÃO.*)* — Chega, já matou, quer agora beber o sangue?

LAMPIÃO *recua, arquejante, exausto.*

PAI-VELHO *(debruçado sobre o rapaz.)* — Está gemendo ainda...

MARIA BONITA *(agarrada aos braços de* LAMPIÃO.*)* — Acende uma vela, Pai-Velho, acende uma vela! Não deixa que ele morra sem uma vela na mão!

PAI-VELHO *(desabotoa a roupa de* PONTO-FINO, *tateia a ferida.)* — O sangue é demais... mas parece que o ferro não furou muito fundo... *(volta a examinar melhor.)* — ... a costela atrapalhou...

MARIA BONITA (*histericamente.*) — Bota a vela na mão dele, Pai-Velho! Não deixa um cristão morrer sem a luz de Deus!

Precipita-se para o ferido, mas LAMPIÃO,
que até então estivera imóvel, segura-a.

LAMPIÃO — Deixa ele, Maria.

Consegue detê-la um momento, porém MARIA BONITA
se desvencilha, corre ao alforje, apanha fósforos e uma vela,
acende-a com as mãos trêmulas. LAMPIÃO *caminha até*
à mulher, arrebata-lhe a vela, aproxima-se ele próprio de
PAI-VELHO *e lhe oferece a vela, que o outro debruçado*
sobre o ferido, não enxerga. Entra MODERNO,
carregando a cabaça d'água.

MODERNO (*vendo a cena, assustado.*) — Que foi isso? O pessoal do Calu pegou o menino?

Ninguém lhe responde. Por fim, PAI-VELHO *ergue*
os olhos, avista MODERNO, *pergunta.*

PAI-VELHO — Trouxe a água, compadre?

MODERNO *acena que sim.*

PAI-VELHO — Então me dê um golezinho, para ver se ele toma.

MODERNO *se ajoelha ao lado de* PAI-VELHO, *destampa a*
cabaça da sua rolha de sabugo. LAMPIÃO *continua imóvel, com*
a vela acesa na mão. MARIA BONITA, *em passos*
lentos, aproxima-se do ferido. A cena escurece.

Cena Segunda

As luzes se apagaram, novamente indicando a passagem de horas. É alta noite, o cenário, os personagens, os mesmos. Há um clarão baço de lua, um fogo aceso. Ponto-Fino, *deitado no chão, numa cama improvisada, arqueja com a respiração estertorosa.*

Moderno *e* Lampião *fazem sentinela.* Moderno, *sentado, cochila, o rosto encostado ao cano do rifle.* Lampião *passeia e de vez em quando se detém, perscrutando a noite.*
Maria Bonita *está de pé junto do fogo, com uma lata na mão; aproxima-se de* Pai-Velho, *e lhe oferece a vasilha com remédio para o doente. O velho entretanto não vê o gesto dela e comenta:*

Pai-Velho — A espuma vermelha não apareceu mais na boca. Acho que, se o ferro pegou no bofe, só fez arranhar por cima.

Maria Bonita — Pelo menos ele agora já está respirando mais igual, sem aquela ânsia... Teve uma hora em que pensei que era o cirro da morte.

Pai-Velho — Qual, o cirro da morte é seco, e diferente; é a bem dizer a alma rasgando tudo, lá dentro, em procura de uma saída. (*Pausa.*) A mezinha já esfriou?

Maria Bonita — Já. Não deixei ferver. Não vê que estou segurando a vasilha com a minha mão?

Pai-Velho — Pois dê cá.

Maria Bonita *lhe passa às mãos a lata*. Pai-Velho *arranca um trapo do peito do enfermo, molha-o no remédio e põe a compressa úmida sobre a ferida.*

Pai-Velho — Agora vamos ver se ele engole um bocadinho. Me alcance a colher, por seu favor.

Maria Bonita *vai apanhar a colher entre os trens da cozinha, na beira do fogo.* Pai-Velho *tenta dar o remédio a* Ponto-Fino, *mas aparentemente não o consegue fazer engolir.* Maria Bonita *procura ajudar.* Lampião, *enquanto isso, continua a andar, dum lado para o outro. A um cochilo mais forte de* Moderno, *volta-se, sacode-o.*

Lampião — Compadre Virgínio!

Moderno *(despertando, assustado.)* — Senhor? Que foi?

Lampião — Ou bem você dorme, ou bem dá sentinela.

Moderno *(encabulado.)* — É... acho mesmo que peguei no sono.

Lampião — Vá lá pra perto do fogo. Deixe estar que eu fico aqui.

Moderno *(espreguiça-se.)* — É um enfado medonho! Também, com hoje já são três noites que a gente não estira o corpo...

Lampião — Pois vá estirar o diabo desse couro. Com Ezequiel doente, agora só me restam Pai-Velho e você. E amanhã pode ter dança. *(Pausa.)* Ou quem sabe até agora mesmo.

MODERNO *levanta-se, caminha sonolento em direção ao grupo formado por* MARIA BONITA, PAI-VELHO *e o moço ferido.*

MODERNO *(em voz baixa, a* PAI-VELHO.*)* — Ele vai melhor?

PAI-VELHO — Sabe Deus... Já era pra ter morrido. Este menino parece que tem a alma presa.

MODERNO *se chega mais, curva o rosto sobre o paciente, fica um momento a olhá-lo, toca-lhe a testa com as costas da mão, murmura.*

MODERNO — Está se cozinhando de febre.

PAI-VELHO — Natural. Não está ferido? Deixe o menino quieto.

MODERNO, *anda alguns passos, procura um lugar no chão e deita-se, com o rifle entre os braços, feito mãe com filho. Puxa o chapéu para o rosto e procura dormir.*

LAMPIÃO *(chama à meia-voz, mas audivelmente.)* — Maria!

MARIA BONITA *(sem se mexer de onde está.)* — Que é?

LAMPIÃO — Chegue aqui.

MARIA BONITA *(aproxima-se dele com evidente má vontade.)* — Que foi?

LAMPIÃO — Sente aqui.

Senta-se ele próprio num dos cepos.

MARIA BONITA *(ainda de pé.)* — Pra quê? Tenho que ajudar Pai-Velho.

LAMPIÃO — Já chega. Deixa o Pai-Velho, que ele sabe. Senta aqui.

MARIA BONITA *obedece e senta-se no chão, aos pés dele. LAMPIÃO baixa os olhos longamente para a mulher.*

LAMPIÃO — Está com medo de mim, ou está com raiva?

MARIA BONITA *(taciturna.)* — Todos os dois.

LAMPIÃO — Vai ver, o menino escapa.

MARIA BONITA — Você parece que não se lembra de que é seu irmão.

LAMPIÃO — E por acaso ele se lembrou de que eu era irmão dele?

MARIA BONITA — Má-criação de menino se corrige com açoite, não é com ponta de faca.

LAMPIÃO — Junto de você, ele se sentia um homem, e não um menino.

MARIA BONITA — Não levante falso a quem está às portas da morte.

LAMPIÃO — Não estou levantando falso. Você bem sabe que o interesse dele era me ver morto. Pensa que eu não entendi? Que eu, morto, era tudo para ele. Pegava a minha fama, o dinheiro que eu trago, os meus ouros, a minha oração forte. Até você era dele.

MARIA BONITA — Não sou cachorro perdigueiro nem cavalo de sela pra me ganharem numa briga. Você ou ele, eu acompanho a quem quero.

LAMPIÃO *(pega-lhe o braço.)* — Você acompanha é o anjo da morte, se disser uma coisa dessas outra vez.

MARIA BONITA (liberta o braço.) — Me solta. (*Pausa. Ouve- -se bem clara a respiração estertorosa do rapaz doente.*) Isso me dá uma agonia! (*Irritada, voltando o rosto para* LAMPIÃO.) Pra que ficar botando sentinela aí, de olho duro? Tem medo que o sargento Calu nos rastreie até aqui?

LAMPIÃO — Medo? Tenho a bem dizer certeza. (*Levanta- se, inquieto, procura escutar.*) Por ora está tudo calmo. Mas sinto no cheiro do ar que tem "macaco" atrás de nós.

MARIA BONITA — E se eles chegam?

LAMPIÃO — Se eles chegam, é morte certa. Caso não dê tempo da gente fugir. (*Pausa.*) O que mais me aperreia é ficar aqui parado, esperando por eles. Se tivesse para onde ir, o diabo é quem ficava neste carrasco. Me danava por esse mundo.

MARIA BONITA — Sozinho?

LAMPIÃO — Por ora tenho o compadre Virgínio e Pai- Velho. E saindo por aí, agarro uns cavalos numa fazenda, e cabra é o que não falta. Anda tudo louco por se meter no cangaço. Eu, sozinho, junto mais recruta que o sorteio militar...

Ri.

Maria Bonita — Mas, e arma para esses homens?

Lampião — Ora, arma! Quem tem dinheiro tem arma. Você sabe que eu tenho adquirido arma até em mão de soldado.

Maria Bonita — Pois eu já não sei. Não tenho mais fé em nada. Nem esperança. Pra mim o castigo já está chegando.

Lampião — Castigo? Por quê? Pra quem?

Maria Bonita — Pra você. Pra nós. É o sangue inocente que está pedindo vingança.

Lampião — Se do céu desce castigo — eu é que sou o castigo. Sou eu que vim castigar.

Maria Bonita — Quanta vez eu já não lhe pedi que não tente a Deus?

Lampião — E eu quantas vezes não lhe pedi que não agoure? Pra que falar em castigo? Você sabe que eu só mato os meus inimigos.

Maria Bonita — Deus que me perdoe! E as moças donzelas a quem você mais seus cabras fizeram mal, e as casas em que já tocaram fogo? E o povo da Capela, que nunca foi seu inimigo, e a pobre daquela rapariga no Carolino? Sem

101

falar naquela velha que vocês ensoparam de gás e viraram numa tocha... Nenhum desses era seu inimigo.

LAMPIÃO — As moças eram umas sem-vergonhas de pescoço raspado — de donzela só tinham o nome. E a velha — me admiro você vir falar na velha! Bruxa desgraçada, me vendeu à polícia por quinhentos mil-réis, botou veneno no meu conhaque.

MARIA BONITA — E o povo da Capela?

LAMPIÃO — O povo da Capela mandou o telegrafista bater chamado para o Sergipe, convocando soldado pra me atacar! Peguei tudo de surpresa, e como sempre acontece na minha vida — ou eram eles, ou eu.

MARIA BONITA — Eu já não digo mais nada. De mil que eu me lembrasse, você arranjava sempre um bom motivo. Está bem, os outros, os estranhos, vá lá. Mas seus próprios irmãos!

LAMPIÃO *(em voz baixa, perigosa.)* — Maria, será que você também se virou contra mim? (MARIA BONITA *baixa a cabeça, obstinada.*) Não defenda mais esse menino, que o sangue já está me subindo. Pensa que eu não via os olhos que ele lhe botava — e às vezes os olhos que você botava nele?

MARIA BONITA *(abana a cabeça.)* — Não é de hoje que eu penso: você perdeu o juízo.

LAMPIÃO — Podia ter perdido, não me admirava. Vejo todo o mundo me traindo, me iludindo, procurando jeito de me largar — quem sabe? Me entregar ao governo. Meus coiteiros já se atrevem a dar desculpa — até meus cabras me enfrentam, até meus irmãos! (*Baixa os olhos para ela.*) Até minha mulher.

MARIA BONITA — Deus que me mande pro inferno, neste instante mesmo...

LAMPIÃO (*sem a escutar*) — Mas está todo mundo enganado. Lampião não se acabou. A guerra é como a água do mar: ela vai e ela vem. Cuidado com a maré de Lampião quando subir outra vez! Eu agora ando corrido, sozinho, enfurnado nesta caatinga... Mas esperem pelo dia de amanhã! Lampião não é os seus cabras, nem coiteiro, nem ninguém. Lampião é só ele! Lampião é isto! (*Bate no peito.*) E isto! (*Bate nas armas.*)

MARIA BONITA *cruza os braços no peito e fica de cabeça baixa, em silêncio.* LAMPIÃO *se levanta, recomeça o seu passear inquieto pelo palco — mas sempre afastado do irmão. De repente para, apura o ouvido. Chega-se mais à borda do acampamento, torna a escutar. Fala.*

LAMPIÃO — Parece que escutei não sei o quê.

MARIA BONITA *por sua vez escuta.*

LAMPIÃO — Não ouviu nada, Maria?

MARIA BONITA *abana a cabeça — não ouviu.*

LAMPIÃO — Pai-Velho!

PAI-VELHO — Senhor?

LAMPIÃO — Vigie se escuta alguma coisa.

PAI-VELHO *baixa a cabeça até quase encostá-la na terra. Um momento silencioso, tenso.*

PAI-VELHO — Pode ser.

LAMPIÃO *(inquieto, irritado.)* — Eu sabia! Tem "macaco" na nossa pisada. *(Chega perto de* MODERNO, *sacode-o.)* Compadre Virgínio!

MODERNO *desperta imediatamente, põe-se de pé num salto.*

MODERNO — Que foi?

LAMPIÃO — Parece que vem gente pela estrada. Você saia por aí, vá se metendo por baixo das moitas, fique vigiando. Se vê que é "macaco" tomando chegada, atire logo, sem esperar sinal.

As falas, com o alerta, baixaram imediatamente de tom.

MODERNO — Tá bom.

Sai, enfia-se na escuridão.

LAMPIÃO — Escute de novo, Pai-Velho.

PAI-VELHO *põe-se novamente a escutar, com o ouvido na terra.*

PAI-VELHO — É. Estão vindo.

LAMPIÃO — Cadê suas armas, Maria? Bote as suas armas e me dê o meu embornal.

MARIA BONITA — Pra que embornal?

LAMPIÃO — Você pensa que eu vou deixar que eles me cerquem? Mandei o compadre Virgínio ir na frente para me dar o sinal. Quando ele atirar, eu nem respondo o fogo, vou saindo.

MARIA BONITA — E deixa o seu irmão aqui, morrendo?

LAMPIÃO — Que é que eu hei de fazer? Não posso carregar com ele nas costas, posso? Nem vou me entregar por causa dele. (*Volta-se para o velho*.) Pai-Velho, se arme, homem!

PAI-VELHO *obedece*.

MARIA BONITA — Podia ao menos deixar o Pai-Velho.

LAMPIÃO — Pra quê? Mais um para o Calu matar? Você acha que ele deixava Pai-Velho ficar tratando de Ezequiel? (*Escuta*.) Já agora, até eu escuto a bulha.

PAI-VELHO — Me admira é o descuido com que eles vêm. Fazendo tropel, até parece cavalo desembestado. Não entendo isso.

LAMPIÃO — Decerto não desconfiam que a gente está tão perto.

PAI-VELHO — No rasto eles não vêm, assim de noite, que não enxergam. Se andam atrás de nós, vêm com guia. Mas, para mim, estão mesmo é passando na estrada, sem dar pela gente.

Enquanto eles discutem, Maria Bonita *arruma os
seus trens, põe os embornais a tiracolo. Chega perto de*
Lampião, *entrega-lhe os dele, que ele enfia, automaticamente.
Em seguida ela se aproxima de* Ponto-Fino, *ajoelha-se
junto ao moribundo, encosta-lhe a mão na testa.*

Lampião *(volta-se de repente, dá com os olhos em* Maria
Bonita, *fala, irritadíssimo.)* — Pega nas tuas armas, já disse,
Maria! Sai daí! (*Fala com* Pai-Velho.) E o compadre Virgínio
que não atira! Será mesmo que eles estão é passando? Nós,
aqui, ficamos bem encobertos do caminho.

Maria Bonita *levanta-se lentamente de junto do moribundo
e fica de pé, também atenta, com o fuzil na mão.*

Lampião — Lá vem! Apaga o fogo, Pai-Velho!

Pai-Velho *pisa o fogo, com a sola da alpargata.*
Lampião, *de arma aperrada, vai recuando para o
fundo do palco.* Maria Bonita *está ao
seu lado. Ouve-se um tiro.*

Lampião — Não é tiro do compadre Virgínio!

Pai-Velho — Não, a arma dele é outra. (*Os três recuam
e se abrigam atrás da árvore.*) Mais parece tiro de aviso. Foi
pro ar.

*Escuta-se a aproximação descuidada de um bando
de homens. Ouve-se até uma risada alta.*

Lampião — Qual! Estão passando. Só um exército tomava chegada com esse barulho todo.

PAI-VELHO — São poucos.

LAMPIÃO — Será que eles pegaram o Moderno?

Silêncio. Tensão. Uma voz grita de longe.

A VOZ — É de paz!

MARIA BONITA *(adiantando-se, num alívio nervoso.)* — A voz é do Corisco!

Aparecem quatro cangaceiros, com CORISCO *e* MODERNO *à frente.* MARIA BONITA *e* PAI-VELHO *se adiantam para eles.* CORISCO *avança e com o olhar procura* LAMPIÃO, *que ainda está ao abrigo da árvore.* MARIA BONITA *indica ao recém-chegado, com um gesto, onde está o chefe. Os outros cabras, que não viram* LAMPIÃO, *avistam o vulto de* PONTO-FINO *estirado por terra e se aproximam, curiosos.* PAI-VELHO *os acompanha. Falam à meia-voz.*

1º CABRA — Está morto?

PAI-VELHO — Pouco falta.

2º CABRA — Quem é?

3º CABRA — Credo em cruz! É Ponto-Fino!

Enquanto os cabras rodeiam PONTO-FINO, CORISCO *e* MODERNO *se aproximam de* LAMPIÃO.

CORISCO — Boa noite, capitão. Tive notícia do combate e ainda avistei de longe a poeira dos "macacos". Vim correndo lhe acudir. Trouxe estes meninos, que estavam comigo, e ainda deixei uns oito, de prevenção, na encruzilhada grande.

LAMPIÃO (*que recebeu o outro com frieza, abana verticalmente a cabeça enquanto escuta, depois corre a vista pelos homens que continuam a cercar* PONTO-FINO, *falando baixo, entre si.*) — Que cabras são esses? Não conheço nenhum.

CORISCO — Já estão comigo faz uns poucos meses. São meninos bons, determinados. Qualquer deles é capaz de me acompanhar até no inferno.

LAMPIÃO (*encara-o, brusco.*) — E você, será capaz de me acompanhar a mim? (*Não espera a resposta de* CORISCO, *que ficou interdito; avança rapidamente até o grupo, grita de súbito.*) Boa noite!

> Os cabras se voltam, surpresos; atentos ao doente, não
> tinham reparado na figura de LAMPIÃO, que até
> então estava fora do círculo de luz.

OS CABRAS (*sem se descobrirem, respondem vagamente.*) — Boa noite!

> LAMPIÃO surge em plena luz, parece que cresceu, tem a
> sua cara terrível dos maus momentos. Com a ponta do rifle
> derruba o chapéu do homem mais próximo. O cabra vai saltar,
> revidar, mas encontra a arma apontada para si.

LAMPIÃO — Quando Lampião dá boa-noite, todo o mundo se descobre! Chapéu na mão, cabras! Lampião está aqui e está dando boa-noite!

> Os cabras recuam, lentamente tiram o chapéu; aquele
> a quem LAMPIÃO descobriu curva-se para o chão,
> apanha o chapéu de couro e saúda, por sua vez.

Os Cabras — Boa noite, capitão!

Corisco *se mantém de parte, no local onde falou com* Lampião. Maria Bonita *pôs-se de pé, ao lado de* Ezequiel, *e sorri, olhando* Lampião, *que já baixou a arma e recebe a homenagem imóvel, estatuesco.*

PANO

QUINTO QUADRO

CENA ÚNICA

A grota do Angico. É uma espécie de ravina, no leito seco de um riacho. Ao fundo, dois serrotes de pedra, que dão passagem angustiosa às águas, quando as há, e formam um abrigo natural. Para a frente, o leito arenoso do riacho se espraia, se alarga. E nesse trecho, protegido pelas pedras e por uma grande árvore com pouca folhagem, que se erguem as tendas dos cangaceiros. A dos cabras, ao fundo, mal se avista, encostada a uma das lapas de pedra. A de LAMPIÃO, logo à frente, à direita, está com a porta de pano levantada, mostrando o seu interior. É uma tenda militar, espaçosa; enxerga-se dentro uma cama de vento, uma máquina de costura, das de mão, em cima de um caixote de gasolina. Ao pé da cama, outro caixote serve de mesa de cabeceira; sobre ele há a faca de Virgulino, garrafas e pequenos objetos de toalete. Encostado a ele, o rifle de LAMPIÃO. Numa corda, atravessada ao canto da tenda, estão atirados um vestido estampado e um rico xale de seda. Pregado à lona, por sobre a cabeceira da cama, um retrato colorido do Padre Cícero, enfeitado com flores de papel.

É madrugada, todos dormem. Ouvem-se cantos de passarinho, um pio de seriema, longe. Na cama de vento dormem MARIA BONITA *e* LAMPIÃO. *Ela, encolhida, enrolada no cobertor. Ele todo vestido, menos as alpargatas e as cartucheiras.*

No acampamento dos cabras, ao fundo, o silêncio é completo. Um cachorro ladra, a distância. LAMPIÃO *mexe-se na cama; de repente senta-se, põe os pés no chão, procura os óculos no caixote, à cabeceira. Calça-se, levanta-se. Enfia a faca na cinta.*

Os movimentos dele despertam MARIA BONITA, *que se estira, levanta a cabeça e indaga, sonolenta:*

MARIA BONITA — Que é?

LAMPIÃO — Nada. Fui eu que me levantei. Dorme.

MARIA BONITA *torna a se aninhar no cobertor.* LAMPIÃO *apanha de sobre o caixote a garrafa de cachaça, destapa-a, cheira bem o conteúdo, põe a boca no gargalo, bochecha, cospe fora o bochecho. Bebe então uns dois goles. Sai da tenda, espia um instante o céu, apura o ouvido. Apanha no bolso uma palha de milho, um pedaço de fumo, uma faquinha, põe-se a fazer um cigarro. Fica um instante a fumar, andando, visivelmente impaciente. Afinal volta à tenda, cinge a cartucheira da cintura, afivela o cinto, pega nas cartucheiras de tiracolo, larga-as. Ao mexer nas coisas, faz ruído.*
MARIA BONITA *senta-se na cama.*

MARIA BONITA — Que foi?

LAMPIÃO *(impaciente.)* — Nada! Já não disse?

MARIA BONITA — Você está inquieto. Que é que tem?

LAMPIÃO — Não sei. Hoje espero o compadre Cristino. Há de ser isso.

MARIA BONITA (*está com um vestido leve de mangas curtas; tateia o chão em procura das chinelas, apanha um pente no caixote da cabeceira, alisa o cabelo.*) — Tomara que venham, e a gente possa ir embora daqui. Tenho horror desta grota.

LAMPIÃO — Não sei por quê. Afinal, nós arrumamos isto melhor do que muita casa. Até sua máquina de costura você tem.

MARIA BONITA — Meu coração é que não gosta daqui. Sempre tive medo. É um lugar tão esquisito, tão fechado!

LAMPIÃO — Por isso mesmo é que é bom.

MARIA BONITA *se põe de pé, sai da tenda, caminha até o pote, perto do tronco da árvore; enche um caneco de água, despejando a água com a mão direita, vai lavando o rosto. Depois bochecha, larga o caneco, vem enxugar o rosto no xale de seda que está pendurado à corda, na tenda. Enquanto executa isso tudo, conversa.*

MARIA BONITA — Quem foi chamar o Corisco?

LAMPIÃO — Mandei um bilhete. Pelas minhas contas, foi entregue ontem, no mais tardar ao meio-dia. Talvez ele hoje amanheça aqui.

MARIA BONITA — Manhã já é. (*Olha o céu.*) A barra está levantando. (*Olha na direção da tenda dos fundos, escuta.*) Mas a cabroeira ainda está a sono solto. Se a gente fosse a morte, pegava tudo dormindo.

LAMPIÃO — Não faz mal. Tem duas sentinelas no caminho do rio. Qualquer coisa, eles dão sinal.

Enquanto fala, LAMPIÃO se senta em outro caixote, esse do lado de fora; fica fumando. Acabado um cigarro, faz outro. MARIA BONITA movimenta-se, esfrega os braços com frio, caminha em direção às três pedras da trempe, protegidas pela árvore.

MARIA BONITA — Está frio. Deixa-me fazer o fogo.

LAMPIÃO — E se o compadre Cristino não vem?

MARIA BONITA *(mexe nas cinzas, sopra uma brasa ainda viva.)* — Meu Deus, e ele havia de se atrever a não vir, depois de um chamado seu?

LAMPIÃO *(abana a cabeça, indeciso.)* — Sei lá. Compadre Cristino foi outro que cresceu muito. Agora é o capitão Corisco, pensa que pode tratar Lampião de tão bom como tão bom. Também, se me servir desta vez, liquido com ele depois, tal e qual fiz com o Sabino.

MARIA BONITA *(soergue-se nos joelhos, encara LAMPIÃO, incrédula.)* — Cruzes, Virgulino! Você ainda precisando do outro, e já preparando a traição!

LAMPIÃO — O mal não é meu, é deles, que me botam a faca no peito. Tenho que escolher entre a vida dos outros e a minha. Se o Sabino fosse vivo, eu é que já andava nos ares carregado pelos urubus.

MARIA BONITA *(benze-se.)* — Não diga uma palavra dessas!

LAMPIÃO — Você vê, esses desgraçados me botam tanta paixão, que até me levam a falar em mal comigo mesmo. *(Benze-se.)* Esconjuro o agouro.

Pausa.

MARIA BONITA — E que acontece, se o Corisco desta vez não vier?

LAMPIÃO — Triste dele. Hei de rastrear o cabra até no inferno, mas me paga. Se não for hoje, será amanhã.

MARIA BONITA — Pra mim, você está pensando mal à toa. Corisco nunca lhe faltou. Não viu outro dia?

LAMPIÃO — Até meus irmãos, que eram meu sangue, me faltaram.

MARIA BONITA — Não fale nos seus irmãos!

LAMPIÃO — Não tenho culpa da morte de nenhum. Pois se até Ezequiel...

MARIA BONITA *(interrompe-o.)* — Não fale em Ezequiel!

LAMPIÃO — Por quê? Não me dói a consciência. Posso dizer que Ezequiel se matou com as mãos dele. Quanto tempo eu aturei, ralhei — você não se lembra? E no fim, quem foi que saltou no terreiro me provocando?

115

MARIA BONITA — Mas você podia ter tido pena. Afinal não passava de uma criança, um menino doido.

LAMPIÃO — Qual, Maria, o que eu tenho sido, até agora, é bom demais. Quem sabe Ezequiel tinha razão, quando me chamava de frouxo! Mas doravante sou outro. Não tenho mais ninguém me atrapalhando — me livrei até da cabroeira antiga. Não tenho mais irmão que venha comer na minha cuia, dormir na minha rede. Não tem mais Sabino, de olho grande pra minha estrela. Boto os cabras a distância, quase não falo com eles; hoje, qualquer deles, quando olha pra mim, treme a perna e o beiço. E é isso que eu quero: quero, toda vez que Lampião falar com um homem — nem que seja um cabra dele — que o camarada baixe a vista, e conheça que não vale nada na minha frente. (*Pausa.*) Aqui, no Angico, estou seguro; posso esperar. Daqui só me vou quando quiser. E quando sair, o povo há de conhecer quem é mesmo Lampião.

Enquanto conversa, MARIA BONITA *acende o fogo, traz lenha de um pequeno monte, põe água na vasilha para ferver, prepara a lata e o pano para coar o café.*

MARIA BONITA — Quer dizer que vai haver mais morte, mais inimigo, mais correria... Pois eu, de mim, já cansei de guerra e sangue. Já me enjoei de andar fugitiva, feito bicho bravo acuado pelos cachorros... (*Com súbita vivacidade.*) Você já pensou, meu bem? Com todo esse dinheiro que traz aí... e mais o que deu a seu Padrinho para guardar... e mais aquele lenço cheio de joias que eu trago no embornal... Por que a gente não larga desta vida perigosa, não se afunda por esse mundo de meu Deus, lá onde ninguém nos conheça, onde nunca se tenha ouvido falar no nome de Lampião...

Lampião (*interrompe, ríspido.*) — Acho que nem na Europa tem um lugar desses...

Maria Bonita — Há de ter, o mundo é grande. E a gente fica vivendo feito rico, muito bem de seu, em paz com tudo quanto é cristão!

Lampião — Só mesmo ideia de mulher! E o que era feito da minha fama? Mesmo que eu achasse esse lugar, já pensou nas mentiras que os "macacos" iam espalhar? Que enxotaram Lampião do sertão dele, que Lampião fugiu com medo da polícia e se escondeu nas brenhas?

Maria Bonita — O que eu sei é que esta nossa vida não pode mais durar. Você mesmo vivia dizendo que a grota do Angico era nosso refúgio derradeiro. E agora estamos nele. Se ao menos o Padre Cícero não tem morrido!

Lampião (*faz o pelo-sinal.*) — Lá mesmo, na sua glória, ele protege quem tem fé. (*Pausa.*) Verdade que, certa vez, meu Padrinho me perguntou, com aquela fala mansa, botando a santa mão no meu ombro: "Meu filho, por que você não larga essa vida de pecado, não se aquieta num lugar, não cria uma família?" Naquela hora, eu beijei a mão dele e me ri. Hoje não me rio mais. (*Pausa.*) Mas ainda é cedo. Deixa eu vencer esta campanha; deixa eu ficar podre de rico. Aí, junto um exército duns quinhentos caboclos, mando comprar data de terra lá para o estado de Goiás, adquiro armamento grosso, faço uma moenda de pólvora — compro até um aeroplano pra ficar botando sentido em quem vier de longe — e então sim! Vou criar gado de raça, plantar canavial, botar engenho de vapor; faço até uma igreja pra ter missa no domingo e novena todo dia.

MARIA BONITA — Não tenho esperança de ver essa igreja.

LAMPIÃO (*passa-lhe a mão no cabelo.*) — Bote o seu coração ao largo, Maria. Nessa sua vida comigo, afinal de contas, eu nunca lhe faltei.

MARIA BONITA *encosta a cabeça no ombro dele.* LAMPIÃO *continua a acariciá-la.*

LAMPIÃO — E é mais por sua causa que eu procuro ter grandeza. O meu gosto é ver você feito uma princesa, de braço comigo, todo o mundo lhe falando de chapéu na mão.

MARIA BONITA (*afasta-se, sacode a cabeça, levanta-se e vai olhar a água no fogo.*) — Nosso fim há de ser outro.

LAMPIÃO — Não agoura, Maria. Você sabe que eu tenho medo de agouro. Não vê que ainda esta noite sonhei com a finada minha mãe, muito calada, sem querer me botar a bênção, por causa dos meninos...

MARIA BONITA (*levanta-se, vê que a água já ferve, coa rapidamente o café; enche uma pequena tigela de louça, que apanhara antes com os outros utensílios, e vem trazê-la a* LAMPIÃO.) — Tome o seu café.

> LAMPIÃO *tira a colher de prata do bolso e mexe com ela o café.* MARIA BONITA *vê o gesto e abana a cabeça.* LAMPIÃO *examina, como automaticamente, a colher de prata.*

MARIA BONITA (*irritada, como sempre, quando o vê fazer aquilo.*) — Ainda está tão escuro que, mesmo se turvasse a colher, você não enxergava.

LAMPIÃO — Sentia o cheiro.

MARIA BONITA — O que eu não entendo é você levando essa vida, ainda ter medo da morte.

LAMPIÃO — Não, da morte, não. Tenho medo é dum falso.

> MARIA BONITA *serve-se de café.*
> *Ouve-se um tiro, longe.*

LAMPIÃO (*põe-se em pé de um salto.*) — Quando é que o compadre Cristino perde o diabo desse costume de tomar chegada dando tiro?

> *Outros tiros, bem próximos.*

MARIA BONITA (*alarmada.*) — Será mesmo ele?

119

*O silêncio da manhã é cortado por uma rajada de
metralhadora. Uma voz grita do acampamento dos cabras.*

A VOZ — Cuidado, capitão, estamos cercados!

LAMPIÃO *atira fora a tigela, salta para apanhar o fuzil, na
tenda. Uma bala o atinge no rosto e ele cai, de bruços. Uma
rajada de metralhadora varre o acampamento
dos fundos; veem-se vultos dos cangaceiros que se
levantam e tentam correr, às tontas, mas caem, fuzilados.
Gritos, pragas, gemidos.* MARIA BONITA *corre para*
LAMPIÃO, *caído. Ele, ferido, tenta ajoelhar-se, e ela
também se ajoelha ao lado dele, gritando.*

MARIA BONITA — Jesus da minh'alma!

Nova rajada, que dessa vez apanha os dois,
LAMPIÃO *que tenta se levantar,* MARIA BONITA
*que o ampara. Ambos caem, abraçados.
Enquanto eles tombam, nova rajada.*

*Silêncio.
O palco fica um instante em silêncio, tudo absolutamente imóvel.
Depois, devagarinho, apavorados, aparecem
dois soldados — vestidos quase como os cangaceiros,
e o* TENENTE, *ferido, arrastando a perna sangrenta,
com a metralhadora portátil debaixo do braço. O primeiro
soldado se aproxima a medo dos corpos, curva-se sobre
eles, mas não os toca, afasta-se vivamente.*

O SOLDADO — Seu tenente, o cego está morto.

O TENENTE, *por sua vez, se aproxima e olha. Segura o ombro
de* MARIA BONITA, *tira-a de sobre o peito de* LAMPIÃO. *Fica
a olhá-los um instante. Por fim, volta-se para o soldado.*

O Tenente. — Trouxe o facão? E o sal? (*O soldado baixa a cabeça, afirmativamente.*) Pois então corte as cabeças.

O soldado desprende o facão da cinta, e encaminha-se lentamente para os mortos.

PANO

A Beata
Maria do Egito

A BEATA
MARIA DO EGITO
PEÇA EM 3 ATOS E 4 QUADROS

PERSONAGENS

O TENENTE-DELEGADO DE POLÍCIA

O CABO LUCAS

O CORONEL CHICO LOPES

A BEATA MARIA DO EGITO

PRIMEIRO ATO

Quadro Único

Cenário

Sala de Delegacia de Polícia, em pequena cidade do Nordeste brasileiro. Paredes nuas — exceto por uma folhinha comercial, bem à vista, onde se lê a data: 17 de dezembro.

Ao fundo, a porta de entrada — duas folhas de madeira grossa; a tranca de ferro está encostada ao lado. Vizinha à porta, uma janela estreita, gradeada. (A sala deve dar a impressão de uma pequena fortaleza.)

À direita, o cubículo dos presos, cujo interior se avista parcialmente. Mobiliado por uma mesa e um banco toscos; sobre a mesa, uma moringa, um toco de vela numa garrafa.

À esquerda, pequena porta que dá para o alpendre da guarda — versão sertaneja da casa da guarda.

O mobiliário da sala é muito simples: a mesa do delegado, com pasta, tinteiro, porta-caneta, berço de mata-borrão, moringa com água, copo, um peso de papéis.

Uma cadeira de braços, atrás da mesa; pela sala, duas cadeiras comuns. As três são de encosto liso, de pau.

Ao longo de um trecho da parede, à esquerda, um comprido banco rústico. Num canto, o armário das armas.

Este cenário é o único em toda a peça.

Em cena o Tenente *e o* Cabo Lucas.

É de tarde — hora de expediente na Delegacia. O Tenente-Delegado *está sentado à mesa. Veste farda (de polícia estadual do Ceará, lá por 1913), sem grande apuro, colarinho aberto, lenço ao pescoço. Cabeça descoberta — vê-se o quepe pendurado a um torno, na parede. O* Tenente *porta revólver e faca à cintura. O* Cabo Lucas, *fardado também, sabre à cinta, quepe na cabeça, de pé, inclina-se sobre a mesa, acompanhando as explicações que lhe dá o* Tenente. *Este, com os objetos de sobre a mesa — tinteiro, mata-borrão etc. — organiza um plano de cidade cercada, completando as faltas por indicações feitas com o lápis.*

Tenente — Está vendo? Faz de conta que isto aqui é a cidade do Juazeiro... (*Gesto circular.*) ... a casa do Padre Cícero fica mais ou menos aqui... e, aqui, a igreja das Dores...

Cabo — Sim, senhor.

Tenente — O valado foi aberto em toda a volta da cidade; por aqui... por aqui... Agora, a tropa da polícia estadual tem várias estradas para escolher. Mas naturalmente vem por esta... aqui... que é a principal.

Cabo — A estrada real, como é chamada...

Tenente — Isto. Alcançando a cidade, eles se espalham, fecham o cerco e ficam esperando que o Padre se renda.

CABO — E será que eles têm gente para cercar o Juazeiro todo?

TENENTE — Falam em mais de mil, em dois mil... E ainda esperam tropa e armamento do governo de Pernambuco.

CABO — Desculpe, Tenente. O senhor vai dizer que eu sou soldado, ganho do governo, não posso cuspir no bocado que como... Mas o senhor acha direito mandar cercar de soldado a cidade santa do Juazeiro e jurar de trazer o Padre Cícero preso ou morto? O senhor não acha que é até arriscado acontecer alguma desgraça medonha? Afinal o Padre velho nunca fez mal a ninguém — todo o mundo sabe que ele é santo, mandado por Deus a este mundo para ajudar quem sofre...

TENENTE — O caso não é esse, Cabo Lucas. O governo não tem rixa com o Padre. Há mais de quarenta anos que ele é a bem dizer dono do Juazeiro, e o governo não se mete — quando não ajuda, como fez na briga com o bispo. Mas agora é diferente. Foi o Padre que atacou o governo, não reconheceu o presidente eleito, juntou um exército de jagunços, e chegou ao cúmulo de inventar outro governo — outro presidente, outra assembleia, com sede no Juazeiro!

CABO — Mas se tem um governo na capital e tem outro no Juazeiro, por que não fica cada um mandando na sua terra?

TENENTE — Juazeiro faz parte do estado do Ceará, tem que acatar as ordens da capital. Não pode haver dois governos no mesmo estado — o Ceará é um só. Ou o Padre Cícero reconhece o governo legal, ou o presidente do estado tem que obrigar o reconhecimento, nem que seja a ferro e a fogo.

CABO — Tenente, Deus que me perdoe, mas quem é Franco Rabelo para obrigar a sujeição um santo — e que santo! meu padrinho Padre Cícero!

TENENTE — Franco Rabelo é governo, e basta, cabo Lucas. E só o governo é que tem direito de mandar no povo.

CABO — Ele pode ter o direito. Mas na hora de arranjar soldado, só arranja à força, e ainda por cima pagando! Já o Padre, basta levantar a voz, acodem mil ou dez mil. E o senhor já viu quem briga alugado derrotar quem luta de graça, só pela fé?

TENENTE — Bem, essa é a dificuldade. O governo tem que recrutar, pagar, obrigar... Enquanto que, pelo Padre, é aquela cegueira.

CABO *(confidencial.)* — Ouvi dizer que só daqui da cidade já tem mais de doze homens dispostos a acompanhar a Beata e irem acudir o Juazeiro!

TENENTE — Eu sei muito bem quem são eles! *(Irritado.)* Mas só se saírem escondido! E eles que não brinquem comigo, porque a primeira que eu prendo é a tal Beata!

CABO — Tenente, não diga uma coisa dessas. A Beata é santa mesmo, não é abusão do povo! Faz milagre, com a graça de Deus! Eu mesmo não vi, mas teve quem me contasse.

Tenente — Eu sei, eu sei! Por isso mesmo nunca deixei que tocassem num cabelo dela. Mas agora já é abuso. Por que não foi embora? Pediu passagem com os homens — todo o mundo sabia que iam para o Juazeiro —, mas fiz vista grossa: está bem, passassem, a estrada é livre! O diabo é que não se contentaram em passar: se arrancharam dentro da rua e agora andam requisitando mantimento e munição pelo comércio!

Cabo — Mas nem ela nem os homens dela não obrigam a ninguém, tenente. Só recebem de quem pode dar. O povo é que leva a gosto ajudar os defensores do Juazeiro, que eles dizem que é a nova Jerusalém!

Tenente — Cabo Lucas, Cabo Lucas, não me dê cuidado! Quem escuta você falar fica jurando que está pronto pra se juntar com eles! Deixe de bobagem, lembre-se de que é soldado!

Cabo — Sim, tenente, me lembro que sou soldado. Mas o que me prende mais é quando penso que acompanho o senhor desde menino... Quantos anos faz, Tenente, que eu sou a sua ordenança?

Tenente — Nem sei — oito ou dez. E uma coisa lhe digo: a qualquer hora nós também podemos ser mandados para o Juazeiro — mas para atacar! A sua sorte é que isto aqui fica a meio de caminho dos romeiros e não se pode deixar desguarnecido.

O TENENTE *levanta-se, acende um cigarro, vai até à*
janela. O CABO, *visivelmente emocionado, insiste.*

CABO — Meu pai contava que o meu finado avô, só para não ter que brigar na Guerra do Paraguai, cortou de facão o polegar da mão direita. Queria ver, então, quem fizesse o velho atirar! Quando a desgraça é grande, a gente dá um jeito...

TENENTE — Cale a boca, seu idiota. Ou quer me obrigar a prender você?

CABO — Desculpe, Tenente. Mas eu estava só contando ao senhor...

TENENTE — Pois não me conte nada! (*Espia pela janela.*) Lá chega o Coronel Chico Lopes. Vem na certa me aborrecer.

Volta à sua mesa, onde finge ocupar-se com os papéis.
O CABO *se dirige à porta, que só tem uma das bandas abertas,*
e abre obsequiosamente a outra.

Entra o CORONEL CHICO LOPES.
É o chefe político da localidade. Gordo, meia-idade, vestido de
paletó e gravata — terno de brim à moda da
época. Talhado pelo alfaiate de um coronel do sertão.
Entra rapidamente, dirige um gesto de saudação ao
CABO LUCAS, *que lhe fez continência, caminha até*
à mesa do TENENTE, *que se ergue devagar.*

CORONEL — Bom dia, Tenente.

TENENTE (*apertando a mão que o* CORONEL *lhe oferece.*) — Bom dia, Coronel Chico Lopes. (*Para o* CABO.) Cabo Lucas, uma cadeira para o Coronel.

O CABO *traz uma das cadeiras e o* CORONEL *senta-se. O* TENENTE *ocupa novamente o seu lugar.*

TENENTE — Tudo em paz, Coronel?

CORONEL *(brusco.)* — Não! Ainda estou esperando as suas providências sobre a Beata! Sabe que já deram até um burro arreado a essa mulher, para ela poder levar as tais esmolas?

TENENTE — Mas, meu amigo, eu não posso impedir que deem esmolas à Beata...

CORONEL — A sua obrigação é impedir que ela perturbe a ordem. Por sinal, o telegrafista foi lá em casa me mostrar a cópia do telegrama do Chefe de Polícia. Que é que o senhor me diz agora?

TENENTE — O telegrama era para mim, Coronel Chico Lopes.

CORONEL *(muito irritado.)* — Não se esqueça, Tenente, de que eu sou o chefe político do município! Se a autoridade telegrafou ao senhor, foi atendendo à minha ponderação! Ninguém pode guardar segredo político de mim, nesta cidade! Eu não tinha dito? Eu preveni: ou o senhor prendia a Beata, ou eu tomaria providências. Agora quero ver o que o senhor faz diante da ordem formal do Chefe de Polícia.

135

TENENTE *(irônico.)* — O que tenho a lhe dizer, coronel, é que eu também li o telegrama. E o senhor pode ficar descansado.

CORONEL — Só posso ficar descansado quando vir a sua ação, Tenente! Essa mulher não há de andar na cidade impunemente, provocando ajuntamentos e — o pior de tudo! — aliciando homens para combaterem o governo! *(Exaltado.)* Essa mulher tem que ficar por trás de grades!

TENENTE — Já mandei intimar a Beata a que comparecesse aqui na Delegacia.

CORONEL — Ora, Delegado! E o senhor acha que ela atende a uma simples intimação? Devia ter mandado logo prender!

TENENTE — Coronel, eu só posso pensar pela minha cabeça. Mandei dois homens, e eles têm ordens...

CORONEL — Dois homens! Que é que o senhor pensa que são dois homens para aquele bando de desordeiros? Fanáticos! E armados! A estas horas os seus dois homens já devem ter sido sangrados.

TENENTE — Não creio. A Beata não tem interesse em provocar conflito. Está de passagem, há de querer sair daqui em paz, com os homens que já reuniu.

CORONEL — A responsabilidade é sua! É o que diz o telegrama!

TENENTE — Eu sei, Coronel. Eu também sei ler.

Cabo Lucas (*da porta, dirigindo-se ao* Tenente.) — Com licença, Tenente. A Beata está chegando. Vem só.

Tenente — Deixe entrar.

O Tenente *se levanta a fim de receber a* Beata, *mas o* Coronel *se deixa ficar sentado, deliberadamente.*

Entra a Beata.

A Beata Maria do Egito *é mulher nova — nos seus vinte e cinco anos, mais ou menos. De certo modo bonita, apesar da roupa que veste: espécie de hábito de freira, ou túnica, cor de tabaco, longa, afogada, mangas compridas. Traz à cintura um cordão, como os de frade, do qual pende um grande rosário de contas claras. Tem ao peito uma cruz de prata, do tamanho de uma cruz de bispo. Sobre os cabelos caídos às costas, em tranças frouxas, um pano fino, escuro. É esguia, pálida. Atravessa a sala em passo firme e se dirige ao* Coronel Chico Lopes.

Beata — Foi o senhor que mandou me chamar pelos soldados?

Tenente (*adianta-se.*) — Não, fui eu. Sou eu o delegado de polícia.

Beata — Não precisava os soldados me trazerem na rua. Eu vim porque quis.

Coronel (*levanta-se e interpela a* Beata.) — A senhora está perturbando a ordem!

Beata — Ordem de quem?

CORONEL — A ordem pública! As autoridades desta terra não podem permitir que uma agitadora, uma cabeça de fanáticos...

BEATA — Eu só estou querendo que me deem passagem. Mandei a minha gente tirar esmola porque precisamos de comer. Mas foi pedindo pelo amor de Deus.

CORONEL *(exaltado.)* — Pedindo, mas de armas na mão! E para onde é que a senhora leva essa gente?

BEATA — Por que pergunta? Então o senhor não sabe para onde é que nós vamos?

CORONEL — Pois diga! Eu quero que a senhora diga aqui, em frente do delegado de polícia, para onde é que vai com essa cabroeira armada!

BEATA — Todo o mundo sabe, que dirá o delegado. Mas a verdade não faz medo a quem teme a Deus. Nós vamos acudir o Santo do Juazeiro, que está cercado pelos hereges rabelistas.

CORONEL — Ouviu, Delegado, ouviu? Está aí a confissão! O senhor, como autoridade policial, tem obrigação de prender essa mulher!

TENENTE *(que acompanhou o diálogo de braços cruzados, a olhar alternadamente a* BEATA *e o* CORONEL.) — Coronel Chico Lopes, o senhor quer me dar licença de interrogar a moça? Com exaltação não adianta.

CORONEL — Interrogar mais, para quê? Ela já não confessou? O senhor tem a confissão completa, feita diante de duas testemunhas!

TENENTE *(procurando ter paciência.)* — Mas tem que se fazer tudo pela forma. Para isso estou aqui. O senhor vai me dar licença...

CORONEL — Delegado, o senhor quer que eu me retire! Pois fique sabendo: eu lavo as minhas mãos! Vou-me embora, e o senhor aguente as consequências. Eu lavo as mãos!

BEATA *(provocando-o.)* — Como Pilatos!

CORONEL *(volta-se para ela, furioso.)* — Como Pilatos, não senhora! Porque eu lavo as mãos desse interrogatório, mas vou agir! Se esse moço não cumpre o que deve, eu, como chefe político desta terra, tomarei minhas medidas — nem que faça correr sangue!

BEATA *(continuando a provocar.)* — Como Herodes...

O CORONEL *dá um passo em direção à* BEATA,
mas o TENENTE *se interpõe.*

TENENTE — Por favor! Essa discussão não adianta! Coronel, já lhe pedi, tenha a bondade...

CORONEL — Eu saio! Eu saio! Pode fazer o seu interrogatório como quiser, que eu não incomodo mais! *(Vai saindo, o* CABO *lhe abre a porta, mas o* CORONEL *ainda fala, ameaçador.)* Mas tenha cuidado, Tenente! Eu estou esperando! *(Sai o* CORONEL.)

O Tenente *volta a sentar-se à mesa. O* Cabo *mantém-se em posição mais ou menos de sentido, no seu lugar, junto à porta. A* Beata *conserva-se de pé no meio da sala, ereta, as mãos cruzadas sob as mangas do hábito.*

Tenente *(indica à* Beata *a cadeira que o* Coronel *ocupou.)* — Faça o favor de se sentar.

Beata — Não, senhor, eu nunca me sento.

Tenente *(encolhe os ombros, despeitado.)* — Como queira. (*Puxa a gaveta, tira de lá um livro grande, preto, abre-o em cima da mesa, pega a caneta, molha a pena, prepara-se para escrever.*) Seu nome?

Beata — Me chamam a Beata Maria do Egito.

Tenente — Desculpe, mas não perguntei o apelido. Quero o seu nome verdadeiro.

Beata — Mas eu só tenho esse nome. Fui batizada por Maria do Egito.

Tenente — Está bem. Nome de seu pai e de sua mãe?

Beata — Não sei. Não conheci pai nem mãe.

Tenente *(escrevendo.)* — Pais falecidos... (*Para a* Beata.) Mas não sabe nem o nome deles?

Beata — Como é que eu podia saber? Fui enjeitada. Me deixaram dentro de um forno, no quintal de uma casa. Quem me pegou foi ver na folhinha e, em vez do santo do dia, estava escrito: "Fuga para o Egito." Assim me batizaram por Maria do Egito.

TENENTE — Nesse caso, quer dizer o nome de seus pais adotivos?

BEATA — Para quê? Basta que me persigam a mim.

TENENTE — Não tenho a intenção de perseguir ninguém. O meu dever é botar seu nome neste livro, e o nome de seu pai e de sua mãe.

BEATA — Mas eu já não disse ao senhor que não tenho pai nem mãe? Meus padrinhos me criaram. Viviam longe, na serra da Mombaça.

O CABO, *ao ver a* BEATA *de pé por tanto tempo, não se contém e chega-lhe a cadeira.*

CABO — Minha santa, se sente, por caridade!

A BEATA *sorri para o* CABO *e senta-se. O* CABO, *satisfeito, volta ao seu lugar.*

TENENTE *(vendo-a sentar-se.)* — Assim está melhor. Obrigado. *(Volta ao livro.)* Sabe ler e escrever?

BEATA — Quem me criou tinha capricho: me ensinaram a ler nas letras da História Sagrada. *(Recordando.)* Naquela casa só se vivia pelo temor de Deus... Eram devotos — desses que o povo chama de penitentes.

TENENTE — Penitentes? Sim, ouvi falar desses devotos, espalhados pela serra da Mombaça. Mas não conheci nenhum.

BEATA — Levantaram um cruzeiro bem na porta de casa. Nas noites de sexta-feira ninguém dormia, ouvindo o choro e a reza dos homens, ajoelhados no terreiro, ao pé da cruz. E de madrugada as mulheres preparavam salmoura, para lavar o sangue dos açoites...

O Cabo Lucas, do seu lugar, escuta com atenção profunda.

Tenente — Não admira que a senhora, criada no meio desse povo, um belo dia vestisse o hábito de beata, saísse pelo mundo... juntasse gente ao seu redor... E agora tem fama de santa.

Beata — Não sou santa. Mas escuto a voz dos santos. Santo, só Deus no Céu e meu Padrinho no Juazeiro.

Tenente — Mas o que corre por aí é que a senhora faz tantos milagres quanto o Padre. Adivinhou que um homem ia morrer de repente; depois devolveu os olhos a um menino cego de nascença...

Beata — Quem cura é Deus. Eu sou a escrava dos pobres.

Tenente — Escrava? Mas se é o povo que se ajoelha na frente da senhora!

Beata — O altar é de barro; a imagem é de pau. A gente não se ajoelha diante do barro nem do pau. Ajoelha-se diante do santo que está no céu.

Tenente — Já esse ponto eu não posso discutir. Sou um Tenente de Polícia, não entendo de santidade. Só tenho a obrigação de manter a ordem. (*Volta ao livro.*) É solteira, não? Que idade tem?

Beata — Vou entrar nos vinte e sete.

Tenente (*procurando falar o mais oficialmente possível.*) — Bem, a senhora é acusada de reunir um bando de homens armados e se dirigir com eles em auxílio dos rebeldes do Juazeiro. Confessa a acusação?

Beata — Quando a palavra não pode mais, chega a vez das armas. O padre pediu e implorou, mas o governo não quis ouvir. São Luís, rei de França, também puxou da espada para salvar Jerusalém dos turcos infiéis.

Tenente — Mas isso é lá com a política; isso é luta de homens! E a senhora, uma mulher, uma moça...

Beata — Judite também era mulher, e não teve medo de atacar o tirano Holofernes.

Tenente (*impacientando-se.*) — Escute aqui, minha filha — quero dizer, escute aqui, Beata: a gente não podia conversar direito, eu perguntando, a senhora respondendo, como duas pessoas de juízo? Assim como nós vamos, ninguém se entende. Cada coisa que eu pergunto, a senhora vem com o rei de França, com o catecismo, com a História Sagrada...

Beata — Por falta de catecismo e de História Sagrada é que o mundo está assim perdido; os hereges levantando a mão contra os santos.

TENENTE *(encolhe os ombros.)* — Eles dizem que a senhora é maluca. Ou então que se finge de louca, para arrastar o povo ignorante. Mas isso já não seria loucura também? E dizem outros que a senhora recebe o dinheiro das esmolas — e guarda tudo consigo...

BEATA *(irada ante a acusação, levanta a cabeça.)* — É um falso!

TENENTE *(atalha com um gesto.)* — Espere, não sou eu que digo! A senhora mesma foi testemunha dos gritos e da exaltação do Coronel Chico Lopes. Eu até lhe confesso que, por mim, não acredito. Ao contrário, posso lhe contar que conversei com a mãe daquele ceguinho que a senhora curou. Fiquei muito impressionado.

BEATA — Então, se tem fé, por que me chamou aqui?

TENENTE — Bem, uma coisa é ser santa, rezar e até fazer milagres, outra coisa é andar com jagunço e ajudar revolução. Por isso é que tenho de impedir a sua saída da cidade.

BEATA *(levantando-se.)* — Quem é o senhor para me impedir de socorrer o santo?

TENENTE *(levantando-se também.)* — Mas, criatura, eu sou o delegado! Quer que lhe mostre o telegrama do Chefe de Polícia?

BEATA — E quem é o Chefe de Polícia, também? Terá missão de Deus?

TENENTE — Polícia é uma coisa e missão de Deus é outra. Todo este tempo estou procurando lhe explicar. Polícia tem que prender criminosos, impedir desordens...

BEATA *(sem querer ouvir.)* — Então, se não é missão de Deus, é missão do demônio. *(Encarando-o.)* O senhor por que não se arrepende? Não tem vergonha de dar mão forte aos prepostos de Satanás?

TENENTE *(erguendo as mãos.)* — Um momento! Um momento! Parece que está tudo trocado! Eu é que estou procurando cumprir a minha obrigação. E a senhora é que, sendo uma mulher, uma moça, juntou um bando de cabras armados que se dizem romeiros...

BEATA — São romeiros!

TENENTE — ... e vem, de estrada abaixo, alegando que pede esmola, mas na verdade exigindo comida, dinheiro...

BEATA — Dinheiro, não.

TENENTE — ... e agora invade a cidade, que eu tenho a obrigação de policiar, procura atrair mais homens, mais cangaceiros...

BEATA — O senhor sabe muito bem que não são cangaceiros. Cangaceiro é quem se arma para matar e roubar e fazer o mal. Estes são homens direitos, pais de família, devotos daquele Santo que os rabelistas querem matar.

TENENTE — Isso é o que a senhora diz. Para o governo, que é o patrão que me paga, são revoltosos. E, usando de ameaça, com os seus... revoltosos, a senhora consegue mais armas, mais munição, e quer ter passe livre para sair da cidade. Não é possível!

BEATA — E que é que o senhor vai fazer?

TENENTE — Mando desarmar os seus cabras.

BEATA *(desdenhosa.)* — Quatro soldados contra um bando de homens dispostos, bem armados!

TENENTE — Estou esperando reforço; tropa da capital. Pode ser que venha ainda hoje. E, enquanto não chega, mantenho a senhora presa aqui.

BEATA — Ora, reforço! Soldado que o governo tem é pouco para o cerco do Juazeiro! E — vá lá que chegue — de que lhe servia esse reforço, Tenente? Matasse o senhor os meus companheiros todos, os poderes de Deus me mandavam outros! Por cada um que morra, talvez me apareçam até mil.

TENENTE — A senhora não devia tomar essa atitude de provocação. Olhe que eu tenho ordens para fazer muito pior. Quer ver? Pois ouça o que diz o telegrama do Chefe de Polícia: *(Lê.)* "Determinamos prisão mulher que chefia fanáticos. Caso ache necessário pode enviá-la acompanhada escolta para Capital." Veja que eu recebi ordens até para mandá-la escoltada a Fortaleza!

BEATA — Quero ver quem tem a coragem de levantar a mão contra a serva dos pobres!

TENENTE *(caminhando até perto dela.)* — Não desafie, Beata! A senhora pode ser o que diz, mas se lembre...

BEATA *(encarando-o.)* — Não tem medo de castigo, irmão? O braço que me prende pode se cobrir de chagas... os olhos que me enfrentam podem cegar de repente... Se eu levantasse esta mão e dissesse: "Cegai, olhos atrevidos..."

TENENTE *(recuando.)* — Que santa será essa que roga praga nos outros?

BEATA — Não é praga. É aviso. Não brinque com os poderes de Deus!

A porta abre-se bruscamente.

Entra o CORONEL CHICO LOPES. *Vem mais exaltado do que saiu, brandindo um jornal. Todos se voltam para ele, que se dirige em linha reta ao* TENENTE, *atirando o jornal sobre a mesa.*

CORONEL — Essa mulher ainda está solta, conversando? Ponha essa criatura no xadrez e disperse a gente dela, Delegado! *(Pega o jornal, mostra uma manchete.)* Veja! *(Lê.)* "Derrota da força que atacou o Juazeiro!"

TENENTE — Mas houve choque? Não era um cerco? Juazeiro todo não estava entrincheirado atrás dos valados?

CORONEL *(quase incoerente, de tão emocionado.)* — Já se vê que não estava... Não sei — sei que atacaram... pela estrada de São José... E foram batidos! Está aqui; contam aqui... *(Lê.)* "As obras de fortificação detiveram as forças atacantes. Por trás do muro de barro, os romeiros fuzilavam os soldados legalistas. À noitinha, já estava desbaratada a 1ª Companhia... A estrada ficou cheia de soldados fugitivos... Oitenta e quatro mortos entre as tropas do Governo..."

BEATA *(levantando as mãos para o céu.)* — Viva quem teme a Deus!

TENENTE *(virando-se rapidamente para a* BEATA.*)* — E eu torno a perguntar: que santa é essa que se alegra com a morte duns infelizes cristãos?

BEATA — Cristãos? Soldados do Anticristo!

CORONEL *(furioso.)* — Delegado, prenda essa mulher!

BEATA *(fita o* CORONEL, *com desprezo.)* — Quem levanta a mão contra o Santo do Juazeiro tem que morrer de morte ruim!

CORONEL — Não se alegre tão depressa: a tropa está-se reorganizando no Crato e vai fechar o cerco outra vez!

BEATA — Tantas vezes for, tantas perderá! Morrem a bala ou a ferro frio, em pecado mortal, sem confissão, sem nem ao menos uma vela acesa, no escuro, sem luz de Deus!

CORONEL *(quase aos gritos.)* — Tenente, prenda essa louca, já lhe disse!

TENENTE *(calmo.)* — Não grite comigo, Coronel Chico Lopes. Lembre-se de que eu não recebo ordens do senhor.

CORONEL — Engano seu! Se eu disser uma palavra, amanhã mesmo você não é mais delegado nem nada! Tiro-lhe até os galões, boto-o a soldado raso!

TENENTE — Pode ser. Mas ainda estamos no dia de hoje.

Os dois homens se encaram raivosos.

BEATA *(intervindo em voz tranquila.)* — Então posso ir-me embora, Tenente? Meu pessoal deve estar aflito...

CORONEL — Delegado, ouviu o que ela disse?

TENENTE *(para a* BEATA.*)* — Não senhora, não pode se retirar. *(Para o* CORONEL.*)* E o senhor, por obséquio se retire.

CORONEL — Pela segunda vez o senhor me manda embora — a mim! Aproveite enquanto pode. Porque isto vai acabar!

TENENTE — Sim senhor. *(Para o* CABO.*)* Cabo Lucas, acompanhe o Coronel Chico Lopes.

O CABO *se põe ao lado do* CORONEL, *que num repelão, sempre furioso, se dirige à porta e vai abri-la; mas o* CABO *se adianta, abre a porta, perfila-se dando-lhe passagem.*

Sai o CORONEL.
O TENENTE *senta-se na cadeira de braços, põe os cotovelos sobre a mesa, segura o queixo entre as mãos.*
O CABO *e a* BEATA *o fitam, perplexos.*

TENENTE *(para a* BEATA.*)* — A senhora pensou mesmo que essa notícia do jornal alterava alguma coisa em seu favor? Só podia piorar. Aliás, acho que a senhora entende muito bem. Só disse aquilo para enfurecer o homem, não foi? Sabe que está presa!

BEATA — E o senhor, se assustou com os gritos dele? Tem medo de um velho gordo, e não tem medo da voz de Deus!

TENENTE *(sombrio.)* — Comigo Deus não fala. A voz dele eu nunca ouvi.

BEATA — Tenente!

TENENTE *(fatigado.)* — Não adianta. A senhora está presa. *(Para o* CABO.) Cabo Lucas!

CABO *(aproxima-se.)* — Pronto, Tenente.

TENENTE — Leve esta presa ao xadrez.

O CABO *olha para o* TENENTE, *por um instante, como se não acreditasse muito no que ouve. Talvez queira dizer alguma coisa, mas não ousa. Por fim, dirigi-se lentamente à parede da direita, onde, num prego, está pendurada uma chave antiga, de formato grande. Desprende a chave e com ela destranca a porta gradeada do cubículo.*

BEATA — O senhor me prende, a mim, que sou mulher...

TENENTE — Não alegue que é mulher! Foi a senhora mesma que se esqueceu disso!

BEATA (*faz um gesto, como se o protesto dele não tivesse importância.*) — Está bem! Mas poderá prender os meus homens?

TENENTE — Não se iluda. O reforço vem na certa. Amanhã pego tudo.

BEATA — Então vai correr sangue.

TENENTE — E ainda assim a senhora tem a coragem de dizer que não veio fazer mal a ninguém?

BEATA — Mal seria ajudar no pecado.

TENENTE (*para o* CABO.) — Cabo Lucas, acompanhe a presa!

O CABO, *ainda hesitante, ergue os olhos para o* DELEGADO.
Este o fita também, com ar decidido.
O CABO, *vencido, aproxima-se da* BEATA,
mas não ousa tocá-la. Timidamente, levanta
a mão, como se lhe pedisse a bênção.

CABO — A senhora... quer entrar ali?

BEATA (*sorri para o* CABO.) — Louvado seja Nosso Senhor, irmão!

CABO (*em voz baixa.*) — Para sempre seja louvado!

A BEATA *faz ostensivamente o sinal-da-cruz, tira o rosário da*
cintura e se encaminha ao cubículo, de cabeça erguida,
sem olhar para o TENENTE. *E o* TENENTE, *dando-lhe*
as costas, dirige-se à janela, acende um cigarro
e fica a olhar para fora.

O Cabo *segura a porta gradeada. Espera um momento,*
a fitar a presa, que, depois de entrar, se ajoelhara
no meio da cela, e se pusera a rezar.
Por fim, gira a chave na fechadura, por sua vez
faz o sinal da cruz, mas furtivamente.

Cabo — Deus que me perdoe! Mas não mando, sou mandado!

PANO

SEGUNDO ATO

Primeiro Quadro

O mesmo cenário do 1º Ato. A folhinha, na parede, marca o dia 20. É noite. O Cabo, *sozinho, arruma a mesa do Delegado, arranjando papéis, pondo objetos no lugar; em seguida, alinha as cadeiras de encontro à parede. Procede, enfim, à arrumação noturna da Delegacia. Ao concluir, tira do prego a chave grande e chega à porta do cubículo. Enfia a chave na fechadura.*

Cabo — Dá licença, Beata? (*Não espera resposta, gira a chave; abre a porta, mas não entra. Com a mesma voz, um pouco tímida, pede.*) A senhora quer ter a bondade de me dar a louça do jantar?

Entra a Beata.
Aparece à porta gradeada do cubículo e entrega ao Cabo *um prato coberto por outro, e um talher. Veste a mesma roupa do ato anterior, menos o véu, mostrando o cabelo, de tranças frouxas.*

Beata — Está tudo aqui. Agradecida, Cabo Lucas.

Cabo — Falta alguma coisa? Tem água na quartinha?

BEATA — Está quase cheia.

CABO — E a vela?

BEATA — Prouvera a Deus que ela durasse mais do que a minha presença aqui! Ainda dá para hoje, talvez para amanhã.

Durante o diálogo os dois mantêm praticamente a mesma posição — a BEATA *à porta do cubículo, e o* CABO *alguns passos atrás, respeitosamente.*

CABO — Tenha paciência, Beata.

BEATA — Os outros é que não têm paciência comigo, irmão. Mas eu sei esperar.

CABO — Ai, Beata, se eu me governasse! Se eu não fosse cativo desta farda, soltava a senhora agora mesmo. Com que gosto estas mãos haviam de abrir aquela porta!

BEATA *(esperançosa.)* — Os santos anjos do céu e o nosso Padrinho do Juazeiro haveriam de lhe pagar em dobro, Cabo Lucas!

CABO *(abana a cabeça.)* — Mas... a senhora não vê? Hei de fazer isso com o Tenente? Quem pagava o pior era ele, que é o chefe.

BEATA — Quem obedece ao mau, aos maus se iguala.

CABO — Mas eu não posso, Beata! Aquilo é como um filho — ando com ele desde rapazinho, quando sentou praça. Enganar — não tenho coragem. E pedir — não adianta.

Nem que eu me arrastasse de joelhos no chão! É homem de cabeça dura que só pedra.

BEATA *(suspira.)* — Enfim... quem sabe se ele não há de enxergar a luz, mais cedo ou mais tarde?

CABO — Sei lá! Mas pode ser... A senhora pedindo, Deus escuta... *(Pausa.)* E daí, noto que ele anda muito demudado. Sim, mudou demais! Ele não se agastava nunca... Mas nestes três dias, depois que a senhora está presa... só tem boca para fumar e beber café. Vive desinquieto e se vai dormir em casa, passa numa madorna, de repente se levanta, sai no meio da noite, vem pela rua de cabeça no sereno. Quando eu pergunto o que foi, diz que tem que ver a senhora, que não confia na guarda.

BEATA — Eu sei. Eu vejo a luz e escuto os passos.

CABO — Ainda esta tarde, ele se deitou pra dormir um pouco, e eu fiquei esperando na sala pegada. Quando vi, ele pegou num pesadelo, gritando pelo nome da senhora. Entrei no quarto, sacudi a rede — de leve — e no que ele acordou, em vez de me agradecer, me botou uns olhos assim encandeados e me enxotou de perto, gritando comigo porque eu não estava aqui, de sentinela!

BEATA — Está vendo, Cabo Lucas? E o remorso! Louvada seja a Mãe das Dores! É remorso de saber que pôs uma inocente atrás das grades da prisão!

CABO — Pode ser, sim, senhora. Só sei que ele anda mesmo desnorteado. E é por isso que eu lhe peço: tenha paciência.

BEATA — Não é por mim: meus santos me ajudam. Mas já pensou na minha gente?

CABO — Então não penso? É o que me dá mais cuidado. Quando levei seu recado, falaram comigo. Estão desesperados. E o pior é o chefe — aquele Pedro Cigano. Só não atacaram ainda a cadeia porque a senhora deu ordem de esperar.

BEATA — Não se faz por mal o que por bem há de ser feito. E eu sei que no Juazeiro o Padre ainda não sofreu derrota. Meu coração me diz que posso esperar.

CABO — Mas os seus homens já andam amotinando o povo, Beata! Vão de casa em casa, e as mulheres escutam o que eles dizem, pegam a chorar e a rogar praga...

BEATA — O povo desta terra é cristão, não é herege nem rabelista!

CABO — Esta noite se juntaram todos num terço em casa da velha Luzia das Malvas. Mais de cinqüenta pessoas. E quando a velha começou a tirar o bendito e gritou: "Maria, valei-nos" — era um gemer e um bater nos peitos, que até parecia Dia de Juízo. Teve muito homem que saiu dali direto para escorvar a lazarina velha ou fazer a ponta de um chuço...

Entra o TENENTE. *Abre violentamente a pequena porta do alpendre da guarda. Dirige-se colérico para o* CABO.

TENENTE — Que história é essa? Quem anda apontando chuço? E onde é que foi o Dia de Juízo?

CABO *(assustado.)* — Desculpe, Tenente. Eu só estava contando à Beata o que aconteceu naquele terço de ontem.

TENENTE — E você agora é o leva-e-traz da Beata? Tomou como penitência contar a ela tudo que se passa na cidade? Pois eu queria que me contasse também alguma coisa! Por exemplo: quando é que os jagunços dela vão atacar a Delegacia?

BEATA *(interpondo-se.)* — Sossegue, Tenente. Não se arreceie de ataque, que eu já mandei ordem de esperar. Os meus romeiros não fazem nada sem determinação minha.

TENENTE — Mandou ordem? E por quem a senhora mandou ordem? Cabo Lucas, esta presa não está incomunicável?

CABO — Mas, Tenente, o recado era de paz. Não era difícil achar quem levasse um recado assim.

TENENTE — Cabo Lucas, a Beata, dentro deste cubículo, não pode falar com ninguém. Nem os soldados da guarda entram cá: ficam lá fora, no alpendre, porque não confio neles. Sempre está aqui um de nós — você ou eu — e é você mesmo quem traz a comida e varre o chão. *(Pausa.)* Então foi você, Cabo?

BEATA — Não culpe o homem. Ele fez por caridade.

TENENTE *(sem lhe dar atenção, falando ainda ao* CABO.*)* — Você, meu ordenança há tantos anos! Meu homem de confiança! Eu botava a mão no fogo por você!

CABO (*de cabeça baixa.*) — Tenente... mas pelas chagas de Cristo! Que é que eu havia de fazer? (*Pausa.*) Ela queria que eu levasse um bilhete — mas bilhete eu não levava. Ela aí perguntou se eu ao menos dava um recado — e eu respondi que conforme fosse o recado. Ela então disse o que era... Não tinha mal nenhum, Tenente! Essa Beata é uma santa! Achei que era para o bem de todos. E então fui procurar o Pedro Cigano — o senhor já viu —, o que chefia os romeiros, no lugar dela...

TENENTE (*exasperado.*) — Conte logo, homem! Que recado foi esse?

BEATA (*adianta-se, põe-se à frente do* CABO, *como se o quisesse proteger fisicamente.*) — Mandei dizer que eu tinha passado estas três noites rezando e os meus santos me disseram que esperasse. Que eu não estava sofrendo nada, e ainda havia de sair na paz, sem violência. Que a luta, se luta ainda houver, tem que ser no Juazeiro, não aqui!

TENENTE (*vira-se para o* CABO.) — Foi isso?

CABO — Foi! Juro que foi — juro por esta cruz!

TENENTE (*cruza os braços, e fica a olhar o* CABO, *com severidade e mágoa.*) — Cabo Lucas, sabe que, em tempo de revolução como o de agora, você cometeu um crime? Levar comunicações para o inimigo! Como seu comandante, eu podia mandar encostar você num muro e passar-lhe fogo. Pena de morte!

BEATA (*pondo-se novamente diante do* CABO.) — Este homem tem fé, Tenente! É soldado, sim — mas não é maçom nem rabelista! Ele viu que era para o bem, e achou que podia me atender!

TENENTE *(ainda falando com o* CABO.*)* — Soldado não acha nada! Soldado obedece! E a mulher estava incomunicável!

O CABO *de novo baixa a cabeça, sem responder.*
A BEATA *toma a sua posição favorita, de mãos cruzadas*
dentro das mangas do hábito, cabeça erguida em desafio,
como se quisesse atrair só para si a cólera do TENENTE.
Este acende um cigarro, passeia nervoso pela sala.
De repente, interpela o CABO.

TENENTE — E por que essa grade está aberta? Por que a Beata não está no cubículo, recolhida, dormindo?

CABO *(timidamente.)* — Vim buscar a louça do jantar.

BEATA *(segurando o rosário.)* — Não é hora de dormir, Tenente. É hora de rezar.

TENENTE *(para o* CABO.*)* — Retire-se, Cabo!

CABO — Sim, senhor.

Apanha a louça e o talher que pusera sobre a mesa, e se
encaminha à porta (a lateral, do alpendre). De lá, volta-se,
olha a BEATA *e o* TENENTE, *faz um movimento, como*
se fosse dizer qualquer coisa, mas arrepende-se.

Sai o CABO.
O TENENTE *recomeça a passear pela sala, mas detém-se*
ao passar pela segunda vez em frente da BEATA, *que debulha o*
rosário, de pé, no vão da porta do cubículo.

TENENTE — Beata, não lhe dói a consciência — desencaminhar esse pobre homem? Aquilo que eu disse do fuzilamento não era brincadeira.

BEATA — Quem tem fé, sofre por seu gosto. Muitos até dão a vida. E, afinal, que foi que ele fez?

TENENTE — Então a senhora não sabe o que é um preso incomunicável?

BEATA *(avança um passo.)* — E o senhor me diga: eu mereço isso?

TENENTE — Se merece ou não, é outra história. Não vamos discutir isso outra vez. Já me basta o que tenho dentro da cabeça — ardendo que só fogo! O fato é que a senhora está presa, não devia ter nenhuma comunicação com o seu pessoal, lá fora, mas deu jeito de corromper o Cabo Lucas, que até hoje me era fiel...

BEATA — Ele não tem culpa. É um homem temente a Deus — e se mais não tem feito por mim e pelos meus romeiros, é justamente por amor do senhor. Se me atendeu, foi porque eu jurei que era para não correr sangue inocente.

TENENTE *(dá um passo em direção a ela.)* — E ia mesmo correr sangue, Beata? (*A* BEATA *encolhe os ombros.*) Se a senhora não sabe, quem saberá? E tem a coragem de confessar a mim — a mim! — que o seu bando de jagunços esta mesmo disposto a qualquer violência, inclusive atacar a Delegacia? E, quando acaba, são uns pobres romeiros, que vivem de esmolas pelo amor de Deus!

BEATA — São romeiros. Mas até um carneirinho manso perde a paciência quando a maldade é demais. Eles me querem bem e sabem que eu não matei nem roubei, e portanto não tenho nenhum direito de estar aqui, presa feito criminoso. E estão aflitos pra chegar ao Juazeiro. Lembre-se que deixaram mulher, filhos, roçado...

TENENTE — Pois já que a senhora se comunica com eles, é bom que mande dizer mais esta: podem até tocar fogo na Delegacia, que a Beata Maria do Egito não será solta! Prefiro que ela se vire em cinza, comigo aqui dentro, a ir se desgraçar por aí.

BEATA — Não pense em mim! Pense em quem me mandou — que foi Deus...

TENENTE — A senhora não tira o nome de Deus da boca! Mas a primeira lei de Deus, para a mulher, é que se dê a respeito. Deus não pode querer que a senhora se meta com essa cabroeira desenfreada, que vá se juntar com assassinos — cada um com mais de cinqüenta mortes! — como Zé Pinheiro, Mané Chiquinha... Porque são eles, esses bandidos, os defensores do Juazeiro!

BEATA — O sangue velho, pelo mal derramado, se lava com o sangue novo do sacrifício. E até Caim se arrependeu!

TENENTE — Não, por caridade, não volte com o Caim, com a História Sagrada...

BEATA — O maior cego é quem não quer ver... O maior surdo, o que não quer ouvir.

TENENTE (*parando em frente dela, procurando acalmar-se.*) — Beata, eu sei que a senhora está acostumada a andar pelo mundo pregando a Santa Missão e nunca lhe aconteceu nada. Sei que a senhora mesma não cuida em mal, e é devota do Padre Cícero, que também nunca fez mal a ninguém. Mas, pelo amor de Deus, me escute: não sabe que nós estamos em guerra? Quem já viu mulher guerreando — e uma moça nova como a senhora, ainda por cima?

BEATA — Não lhe dê isso cuidado. Tem mão mais forte me acompanhando.

TENENTE — Deixe de orgulho! Não sabe que o orgulho é pecado? O que eu digo é isto: se fosse uma velha — vá lá! Não tinha nada a perder! Mas assim como é — então não se conhece? Com essa cara bonita — me desculpe... mas com esse corpo... — como é que pode se juntar, sem perigo de desgraça, a um bando de cabras sem lei?

BEATA — O senhor pode pensar essas coisas — mas eles, sei que não pensam. Debaixo deste pano... (*Pega no hábito.*) ... eles não enxergam nada — nem imaginam. (*O* TENENTE *baixa a cabeça.*) Quanto a guerrear — serei a primeira? E eu nem arma tenho: só este rosário. (*Pausa.*) Eu não brigo, Tenente, eu rezo.

TENENTE — Sim, reza. É santa. A santa cangaceira!

BEATA — Tenente, ao redor do Juazeiro são as mulheres e os meninos que estão cavando os valados e levantando as trincheiras. Aprontam as cargas de pólvora, e endurecem as varas no fogo para fazerem os chuços. Até o Santo, quando sai do oratório onde passa a noite rezando, é correndo dum lado para outro, dando unção aos moribundos ou abençoando os guerreiros.

TENENTE — O Juazeiro é muito grande; e, se é assim como diz, já deve haver gente de sobra por lá.

BEATA — Não, porque do lado de fora do valado os soldados do Anticristo são tantos que a terra parece amarela, com a cor das fardas deles. Até um canhão trouxeram! E querem beber o sangue do santo, e dizem que vão degolar todos os romeiros. Velhos e mulheres serão sangrados; até menino novo será arrancado do peito de sua mãe! E, no fim, ainda juram que hão de arrasar e salgar a terra do Juazeiro, tal como fizeram em Canudos. Admira que Deus me chame para acudir?

TENENTE — Nada disso será feito! Mas, ainda que fosse, a senhora acha que, com o seu magote de cabras, ia decidir a sorte do combate? Não sabe que todo dia estão chegando ao Iguatu os trens cheios de tropa? E o General Dantas Barreto prometeu mandar de Pernambuco dois mil soldados de linha!

BEATA — Deus dá a vitória a quem quer.

TENENTE — E o governo ganhando, a senhora acredita mesmo que vão degolar o povo, matar o Padre e consumir com o Juazeiro? Ninguém é carniceiro, o governo é gente direita, homens de estudo, pais de família, doutores, oficiais do exército. O que eles querem é a ordem.

BEATA — Ordem? Então o senhor tem boca para dizer que o Santo faz desordem?

TENENTE — Eu não entendo de política... se ganhei estes galões, foi com o meu sangue, enfrentando bandido. Mas acho que nem mesmo o Padre, por santo que seja, tem o direito de desobedecer ao governo.

BEATA — O senhor diz que não entende! Mas obedece! Serve de pau-mandado a eles — prende os inocentes...

TENENTE — Depois do que me disse, ainda se acha inocente?

BEATA — O que eu sei é que eu tenho de ir-me embora daqui.

TENENTE — Só eu morto.

BEATA *(encarando-o, fria.)* — Morto? Era. Mas como é que eu podia matar o senhor?

TENENTE *(encarando-a também.)* — É difícil.

BEATA — Eu não tenho arma... *(Olha as próprias mãos.)* ... não tenho força... *(Cobre o rosto com as mãos, como se rezasse.)* Maria, valei-me!

TENENTE *(aproxima-se dela.)* — Não acredito que você tivesse coragem de me matar — nem que pudesse! Mesmo que tivesse uma arma... *(Pega-lhe na mão.)* ... nem que tivesse força nessas mãos para matar um homem... (*Baixa bruscamente o rosto sobre as mãos dela, depois levanta a cabeça, sacudindo-a.*) Faz três noites e três dias — desde que você passou por aquela porta — que minha cabeça parece que tem dentro um fogo aceso. (*Aperta a cabeça com a ponta dos dedos, como se sentisse uma dor.*) Me trata como inimigo — mas eu não sou seu inimigo! Não sou inimigo seu, nem do padre, nem dos romeiros. Já não lhe disse mil vezes? Sou soldado, cumpro ordens.

BEATA — Tenente...

TENENTE — Uns lhe chamam de louca. Outros juram que não, que é uma santa. Eu mesmo vi o menino cego — e vi o menino enxergando! Mas quando você fala, tudo se confunde... o Coronel, esse diz que você se faz de louca e de santa, conforme a hora — mas o que é mesmo é uma espiã do padre...

BEATA — E o senhor? Que é que acha que eu sou?

TENENTE — Não sei! E não me importo mais! Para mim é só uma moça! Uma moça! (*Toca-lhe de leve nos cabelos — e a* BEATA *consente.*) Um cabelo tão bonito! Me perdoe, não disse por mal! (*Pausa.*) Sem pai, sem mãe, largada no mundo... com as ideias que aqueles penitentes — aqueles bebedores de sangue! — lhe botaram na cabeça... E você não é nada disso — é uma mocinha... E quando acaba, até de Fortaleza vem telegrama mandando prender você, como se fosse uma criminosa, uma cigana ladrona...

BEATA — É. Presa, como mulher da rua. E de quem é a culpa. Tenente?

TENENTE — Quer dizer que é minha? Mas não vê que eu tenho as mãos amarradas? Pensa que eu levo gosto neste papel que faço?

BEATA — Então me solte.

TENENTE — Se ao menos você prometesse voltar para a sua terra, esquecer essas loucuras, eu mesmo punha você na garupa do meu cavalo, levava você para a sua casa, entregava-a nas mãos da sua gente.

BEATA — Mas, Tenente, eu não tenho casa neste mundo. Minha gente, que eu chame de minha, são esses mesmos com quem ando. Não se lembra? Sempre fui sozinha, enjeitada. Por caridade me criei...

TENENTE — É o que me dói. É o que mais me dói! Sem ninguém de seu, sem pai, sem irmão! E agora presa... ganhando fama de maluca... e com esse nome de Beata, que podia assentar numa velha, não em você. As beatas que eu conheço cortam o cabelo feito homem, à escovinha. Por que não cortou também essa trança? (*Corre timidamente a mão pelo cabelo dela. A* BEATA, *imóvel, consente.*) Elas só têm uns ossos de velha por baixo da batina... Mas você... (*Agarra-a bruscamente pelos ombros.*) Meu Deus! Tenho medo de estar ficando doido! (*Enterra o rosto nos cabelos da* BEATA.)

BEATA (*fica um instante imóvel, sob o abraço dele, depois o afasta, suave.*) — Escute, Tenente...

TENENTE (*violento.*) — Eu tenho nome! Me chame pelo nome! Eu me chamo João — me chame João!

BEATA — Pois, se quiser, pode também me chamar de Maria.

TENENTE — Eu não lhe chamo de nada! Eu não preciso! Não preciso de nome... se nem enxergo mais nada! Mais ninguém! (*Pausa.*) Maria! Sim, seu nome é Maria!

BEATA — Escute, Tenente — escute, João... se eu lhe pedisse...

TENENTE (*chega-se por trás dela, põe-lhe as mãos nos ombros, e encosta o rosto nos seus cabelos.*) — Sim, João, me chame João... Se você soubesse! Tem sido uma agonia tão grande! Três dias e três noites — desde a primeira hora em que vi você. E eu sabendo que é pecado... pensando naquilo tudo... Sem tirar você do juízo... imagine, uma santa a quem o povo toma a bênção de joelhos... Eu tinha vergonha... tinha medo... sei lá! (*Pausa.*) E então vinha espiar pelas grades do cubículo — você rezando, ajoelhada. Uma vez vi que você batia com a testa no chão... (*Acaricia-lhe a testa.*) ... aqui... me deu um baque no peito — me doeu como se fosse em mim! Saí correndo... Outra vez, você estava dormindo na esteira. Deitada de lado, um braço em cima dos olhos — parecia uma meninazinha, respirando tão manso! Tão desamparada! E o meu coração se apertou de novo, senti vontade de abrir a porta, segurar você... deixar você dormir no meu colo... mas tive medo, e saí de perto antes que você acordasse...

BEATA. — João, se eu lhe pedisse...

TENENTE. — Não tenho nada para lhe dar. Nem poder nem riqueza — nada. Uma casa não tenho! Tenente dos "macacos" — alugado do governo —, sei que é isso o que eu sou. De meu, tenho o triste corpo. Tivesse o mundo, lhe dava... (*Abraça-a subitamente.*) Maria, se você quisesse!

BEATA (*volta-se dentro dos braços dele e, afastando-se um pouco, fita-o no rosto.*) — João, pela sua promessa...

TENENTE (*não a quer ouvir, abraça-a de novo.*) — Não faça preço! Não faça preço! Queria você de graça! Que se esquecesse desta mortalha — se esquecesse de que é santa... (*Desata-lhe com um gesto o cordão da cintura e o atira ao chão.*) ... tirasse isto! (*Puxa o decote do vestido, descobre-lhe um pouco o ombro — beija-lhe o ombro.*)

BEATA (*sem resistir.*) — João... se você promete...

TENENTE — Não fale! Eu sei que estou doido! Sei que é crime... pecado... uma santa! (*Segura-lhe o rosto entre as mãos, murmura.*) Maria... Maria!

Num gesto rápido, toma-a ao colo e a carrega para o cubículo. A BEATA *não resiste. Quando atravessam a porta gradeada, o palco escurece.*

Segundo Quadro

É manhã cedo. Sobre a mesa, uma garrafa de leite, um pequeno pão. Sozinho, o Cabo Lucas, *que, meio estirado no banco, fuma, a túnica entreaberta. O quepe acha-se pendurado à parede, no prego da chave. Está aberta a grade do cubículo. A* Beata *chega até à porta e, vendo-a, o* Cabo *se levanta respeitoso, jogando fora o cigarro e compondo o colarinho.*

Cabo *(estende a meio a mão, no gesto tradicional.)* — A bênção, Beata!

Beata — Deus te guarde, irmão. *(Mudando de tom.)* Cabo Lucas, onde está o Tenente?

Cabo — Foi em casa, mudar a roupa. Me deu ordem de trazer leite e pão fresco para a senhora. *(Dirige-se à mesa, apanha leite e pão, que oferece à* Beata.) Está aqui.

Beata *(recebe apenas o pão.)* — Obrigada. Um pedaço de pão me basta. Eu nunca bebo leite.

Cabo *(levando a garrafa para a mesa.)* — Eu disse a ele. Expliquei que a senhora não come carne nem leite. Só o pão, o café e o feijão n'água e sal. Mas ele riu-se e disse que hoje a senhora comia. *(Pausa.)* E eu não trouxe o café porque no botequim ainda não tinham feito.

Beata — Não faz mal. Basta o pão. *(Entra no cubículo, coloca o pão sobre a mesinha, volta.)* O Tenente não disse quando voltava? Pensei que na hora da minha saída ele estivesse aqui.

CABO (*com grande estranheza.*) — Sua saída? Ele não me disse nada sobre saída nenhuma. Até reforçou a guarda, com medo de alguma surpresa, enquanto ia em casa.

BEATA — Nesse caso, tenho de esperar até que ele chegue.

> *Apanha o rosário e começa a passear lentamente pela sala,*
> *rezando. O* CABO *não tira os olhos dela, surpreso,*
> *meio inquieto. Passam-se assim alguns momentos.*
> *Entra o* TENENTE, *vem alegre, barba feita,*
> *ar jovem, farda limpa. Avança vivamente ao*
> *encontro da* BEATA. *O* CABO *se perfila.*

TENENTE. — Bom dia! Bom dia! (*Para o* CABO.) Trouxe o leite?

CABO — Sim, senhor, está ali. (*Aponta a mesa com o queixo.*) Mas eu não disse? Ela não quis.

TENENTE — E o pão?

CABO — Ela tem.

TENENTE — Muito bem. Pode retirar-se, Cabo.

CABO — Com licença.

> *Sai o* CABO.

TENENTE (*sorrindo para a* BEATA, *tomando-lhe as mãos.*) — Bom dia, meu bem! Então não quis o leite que eu mandei trazer? Está jejuando?

BEATA — Eu sempre jejuo. Já ficou por costume. (*Retira as mãos.*) Estava esperando a sua chegada, para ir embora.

TENENTE — Ah, seria ótimo. Mas creio que precisamos esperar. Sua gente está nos vigiando. Talvez o melhor seja deixar passar uns dias, decidir-se a luta, e então iremos. Para qualquer lugar que você escolher.

BEATA — Se você quer ir comigo, vamos. Mas esperar, não. Sabe que eu não posso esperar mais nada.

TENENTE *(sem entender.)* — Por quê? Para onde você quer ir?

BEATA — Para onde havia de ser? Para o Juazeiro!

TENENTE *(surpreso.)* — Mas... você ainda está pensando em ir para o Juazeiro?

BEATA — E por que não? Não vejo notícia de que tenham levantado o cerco. O Padre ainda carece de socorro.

TENENTE — Maria... Mas que loucura é essa? Será que você esqueceu? Então, esta noite... *(Aproxima-se mais, segura-lhe os braços.)* Como é que vem me falar de novo em Juazeiro? *(Tenta beijá-la.)* Maria... Vai começar tudo outra vez? Meu bem, você esqueceu?

BEATA *(repele-o.)* — Não, não me esqueci de nada. Você, sim, é que parece ter esquecido tudo. Ou pelo menos o que me prometeu.

TENENTE — Que lhe prometi? Mas o que foi que eu lhe prometi? Meu Deus, Maria, você não entendeu o que houve? Pensou que fosse só por uma noite? Não, para mim você é tudo! Ontem, hoje e toda a vida!

Tenta novamente abraçá-la.

BEATA *(afasta-o friamente.)* — Chega. Não me toque mais. Esta noite, foi porque eu pensei que você cumpria o trato.

TENENTE — Mas você será mesmo louca? Depois desta noite... depois de tudo! *(Segura-a nos braços, sem se importar com a repulsa que ela mostra.)* Maria, agora tudo mudou!

BEATA — Eu não mudei. Abra aquela porta e me solte.

TENENTE — Não posso! Vou soltar você, sim, mas não aqui, no meio desses cabras. Não para você ser arrastada às trincheiras do Padre Cícero. Quero levar você comigo, mas para longe, para qualquer lugar do mundo onde não a conheçam, nem me conheçam, e a gente possa começar vida nova... *(Olha-a. Sente-a rígida e cheia de repulsa — e afrouxa o abraço.)* Pelo menos era essa a minha ideia... era a minha esperança.

BEATA *(desprendendo-se-lhe das mãos.)* — Já vejo que me enganei... ou por outra, você me enganou.

TENENTE — Nunca enganei você! Mas é incrível você pensar... Como é que eu podia? Como é que, agora, eu podia largar você assim? Você é minha! Me quer bem... eu lhe quero bem... Quero até ao ponto de largar tudo — vida, profissão... até ao ponto de desertar! Às vezes penso que estou desatinado!

BEATA — Não lhe pedi nada disso.

TENENTE — Não foi porque você pedisse. Mas entenda: não digo só para convencer você, digo porque é verdade. Minha vida, agora, está nas suas mãos.

Tenta segurar-lhe as mãos.

BEATA *(repelindo-o.)* — Se afaste. Estou vendo que tudo foi perdido.

TENENTE — Mas, minha Nossa Senhora, por que é que você mudou tanto? Esta noite... esta noite você foi como um anjo que abrisse os braços para mim. Parecia até que o mundo tinha se acabado. *(Sacode-a.)* Hem? Seria mentira? Você não me quer bem como eu lhe quero... como tudo me fez acreditar que você queria?

BEATA — *Bem?* Você está louco? Eu não quero bem a ninguém. *(Pausa.)* Eu só quero bem a Deus.

TENENTE *(ainda sem entender.)* — Mas então, esta noite...

BEATA — Esta noite, você me cobrou um preço e eu paguei. Como se pagasse uma passagem de trem — ou como se pagasse a carceragem! Pensei que, se eu lhe desse tudo que você queria, em troca você me soltava, deixava que eu fosse cumprir a minha missão.

TENENTE — Não sei como pensou isso. E não me fale em missão! Eu não lhe prometi nada, estava iludido. Julguei que fosse amor também.

BEATA — Amor! Tenente, parece que se esqueceu de quem eu sou. (*Abre os braços.*) Olhe esta roupa, esta cruz, esta magreza de jejum!

TENENTE (*obstinado.*) — Mas você consentiu, esta noite. Deixou, não me empurrou, não gritou. Ficou tão mansa! Eu não agarrei você à força, se lembra?

BEATA — Eu estava rezando. Pedindo forças aos meus santos para aturar tudo e não sentir nada. Se esse era o preço que eu tinha de pagar para cumprir a minha missão — pois bem, pagava. Sem medo e sem gritos. Você mesmo está dizendo. Você mesmo é testemunha! Não dei uma palavra, um suspiro, suportei tudo.

TENENTE (*desesperado.*) — Você diz que suportou, que me suportou! Naquela hora, quando eu pensava que o céu estava se abrindo... (*Pausa.*) ... e era capaz de me atirar num precipício, porque você me queria... (*Pausa.*) ... nessa hora, você estava apenas suportando? (*Segura-lhe o braço.*) É mentira!

BEATA (*liberta o braço.*) — Eu não enganei ninguém. Não disse nada que o iludisse. Pensei que estava entendido: eu fechava os olhos, consentia no que você quisesse — fosse o que fosse! —; em paga, você me dava a minha liberdade.

TENENTE — Eu não lhe dava só a liberdade! Lhe dava tudo, até o sangue! Me pedia... o que você quisesse! Mas era de graça, não em pagamento!

BEATA — Dava tudo? E por que recusa agora? O que lhe peço não é tanto. Basta abrir aquela porta.

TENENTE *(sem escutar.)* — Não em pagamento... Bem querer... amor... não é um trato. E eu pensando... *(Deixa-se cair numa cadeira, aperta a cabeça entre as mãos.)* ... que é que eu pensava, meu Deus!

BEATA — Não diga o santo nome de Deus em vão! *(Pausa. Ela fica a olhá-lo; ele continua sentado, o rosto escondido entre as mãos. Afinal, ela lhe toca no ombro.)* Pois agora que entendeu, cumpra a sua parte. Mande afastar os soldados e me deixe sair com a minha gente.

TENENTE *(sem escutar.)* — Quem sabia era o Coronel! Esse nunca se enganou! Você é mesmo louca, louca varrida! Com essa mania de missão... como é que eu não vi? Criada pelos penitentes...

BEATA — Louca ou não, que importa agora? Deixe que eu vá.

TENENTE — Verdade que eu também fiquei louco — mas não a esse ponto! *(Levanta-se.)* Você está aqui presa, e presa fica! Lugar de louco é nas grades! Você minha, me querendo, não sei que desgraça eu não fazia para proteger e salvar você. Morria, matava, fugia. Mas saber que você só queria... que você me usou... Não, só de doido. Mulher nenhuma, no seu juízo, era capaz de uma ideia dessas. E se fosse por outro homem... ou por ambição... ou por um filho... Mas não, é porque os santos falam com ela — e por causa de um velho de batina...

BEATA — Agora diga o que quiser — não tem importância. Fiz tudo o que podia, tudo! Mas tenha medo do castigo que vem por aí!

TENENTE — Está voltando às suas pragas, ao seu natural? (*Fita-a*.) Mas quem sabe se tudo isso não é fingido! Você não é maluca nem nada. Só uma mulher ruim. Toda essa conversa de missão, de jejum, essa voz de santo que vive escutando e, no final de contas, você não passa de uma criatura que se serve do corpo para conseguir o que quer...

BEATA — Não me importo com o que você fique pensando. Só queria que me soltasse.

TENENTE — Mas não! Eu vi, eu senti... Conheci! Você era moça! Nunca homem nenhum tinha lhe tocado. Diga, não é verdade? Você nunca... nunca, não é mesmo?

BEATA — Nunca. Você sabe. E agora — depois de tudo — pensa que estou diferente? Não me tocou. Foi como o sol passando pela vidraça.

TENENTE — Então, Maria, como é que eu posso acreditar? Será que você... nem de longe? Esse carinho todo que eu sinto... Basta segurar na sua mão. Basta olhar esse seu rosto... assim triste, descorado... Sinto até que o coração me dói! (*Pausa*.) Que é que eu tenho? Não sou aleijado... sou limpo... lhe dou nojo? Você conhece outro? Terá outro, no mundo, pra você, que seja melhor do que eu?

BEATA — Não. Não conheço homem nenhum. Pra mim não existe homem. Feio ou bonito, moço ou velho, eu não enxergo. Não é por ser você. É que eu não conheço mesmo ninguém. Nem pai nem mãe que tivesse.

TENENTE — E se você tiver um filho meu?

BEATA — Deus não consinta! Mas, se tiver, lhe entrego. Eu não posso ter família, não posso ter prisão. Meu dono é outro.

TENENTE *(afasta-se dela, abanando a cabeça.)* — Louca! louca! E eu que pensava...

> *Volta a cair sobre a cadeira, apóia a cabeça ao encosto, escondendo o rosto entre os braços.*

> *Pausa.*
> *Entra o* CABO.

CABO — Com licença! Seu Tenente, tem aí dois homens da Beata. Querem falar com o senhor! Estão no alpendre da guarda. Mando entrar?

TENENTE *(salta da cadeira, volta-se furioso.)* — Não! Diga que eu não falo com bandido! Que eu não conheço nenhum homem da Beata! Eu não faço acordo com jagunço! Se entrarem aqui, levam bala!

CABO *(assustado, recuando.)* — Sim, senhor!

> *Sai o* CABO.
> *O* TENENTE *recai sobre a cadeira, na mesma posição; mas não completa bem o gesto, porque a* BEATA *o interpela.*

BEATA — Você me enganou — a mim! Mas a Deus ninguém engana! Espere a mão de Deus, que vem aí!

TENENTE *(ergue-se, encara a* BEATA *e exclama, em total desespero.)* — Quer me fazer medo, depois de tudo? Mas agora eu conheço você! Faça as suas bruxarias, rogue praga, chame castigo! Deixe o castigo chegar! Que me importa?

PANO

TERCEIRO ATO

Quadro Único

O mesmo cenário. É de tarde. A porta do cubículo está fechada, a Beata *presa lá dentro.*

Em cena o Tenente*, o* Coronel Chico Lopes *e o* Cabo Lucas. *(O* Tenente *e o* Coronel *olham para a rua, através da janela gradeada. O* Cabo Lucas *está sentado no banco. O seu fuzil Máuser está perto, encostado à parede.)*

Coronel — É. O cerco está fechado. Pararam na esquina. Devem estar tomando posição. Quando passei, pareciam dispersos. Não pensei que estivessem organizados. Agora nem sei como é que me deixaram chegar aqui.

Tenente *(sombrio.)* — E por que é que o senhor veio? Se eles pretendem realmente atacar a Delegacia, a sua presença aqui aumenta muito a minha responsabilidade.

Coronel *(com dignidade.)* — Eu sei atirar, Tenente. Não se preocupe comigo. *(Leva a mão ao revólver.)* E estou armado. Em vez de um peso a mais, posso talvez ser mais um atirador. E o senhor não dispõe de tantos, para estar fazendo luxo.

(*Pausa.*) Além disso, talvez eu consiga fazer valer a minha autoridade sobre esses cabras.

TENENTE — Ora, Coronel, o senhor ainda se ilude? Pois eu penso que eles não se importam mais com autoridade nenhuma. Ou levam daqui o que querem...

CORONEL — Foi sobre isso, justamente, que eu achei necessário vir lhe falar. Passei por cima do meu justo ressentimento...

TENENTE — O senhor se ofendeu porque quis.

CORONEL — Saí daqui magoadíssimo! Mas, como dizia, resolvi dominar o meu ressentimento e tornar a procurar o senhor, porque ambos somos responsáveis pela paz da cidade — e eu descobri uma solução.

TENENTE (*ri.*) — Coronel Chico Lopes, a estas horas, com a Delegacia cercada — eu já nem sei se o senhor querendo sair eles lhe dão mais passagem! —, ainda pensa que pode haver outra solução que não seja resistir?

CORONEL — Tenente, valentia é muito bom — mas eu não quero um massacre aqui na minha cidade.

TENENTE — O senhor mudou muito, Coronel! Devia ter pensado nisso antes, quando chegava aqui aos gritos, exigindo uma solução de força; ou quando telegrafou ao Chefe de Polícia, denunciando a minha fraqueza com os romeiros... e quem sabe até se o senhor não falou na minha cumplicidade!

CORONEL — A situação foi que mudou. Naquela hora não podíamos permitir a insolência da Beata e dos cabras dela. E nós tínhamos a força na mão.

TENENTE — Agora, quem tem a força são eles...

CORONEL — Não digo tanto. Mas a situação da tropa expedicionária parece que não é brilhante. De forma que o melhor é nos livrarmos dessa responsabilidade que é a presença da Beata.

TENENTE — Não se preocupe. A Beata, agora, é responsabilidade minha. Só minha.

CORONEL — Tenente, mais uma vez lhe recordo que sou o chefe político deste município e tenho que pensar no bem de todos! Preciso do senhor, preciso dos seus soldados, não posso consentir numa luta de vida ou morte! Vamos retirar a Beata!

TENENTE — Muito bem. E se eu concordasse em retirar a Beata, como é que o senhor ia conseguir isso, tendo a Delegacia cercada?

CORONEL — Claro que só pode ser com cautela, habilidade — e audácia. Mandei dois cabras da minha confiança me trazerem três bons cavalos da fazenda. Dei ordem para que esperem, com os cavalos selados, no quintal da casa do meu genro, que, como o senhor sabe, fica ali... (*Aponta.*) ... fundos correspondentes com a Delegacia. Logo que escurecer, a Beata sai, acompanhada pelo senhor ou pelo

Cabo Lucas... (*Indica a porta do alpendre.*) ... por essa porta. Alcançam a casa de meu genro...

TENENTE — E se formos vistos?

CORONEL *(encolhe os ombros.)* — Como diz o outro, e a fortuna da guerra... Mas a Beata pode servir de escudo. Os romeiros não atiram, com medo de ferir a santa deles. Além do mais, os que ficarem aqui dão cobertura.

O TENENTE *escuta, de lábios cerrados, sem comentar.*

CORONEL — Os cavalos são ótimos, fazem mais de dez léguas num dia. Depois de amanhã podem chegar à ponta do trilho no Iguatu. E no Iguatu, que está em poder da tropa estadual, ela será entregue ao comandante, ou remetida a Fortaleza, pelo trem. Que me diz?

TENENTE — Não, senhor, não concordo. É muito arriscado. E ela pode mandar que eles atirem, fiada em que tem o corpo fechado. O senhor não conhece essa mulher. (*Meditativo.*) Não. A responsabilidade é minha, já disse. Ela só sai daqui depois de eu morto.

CORONEL — Tenente, o senhor era um homem cordato, até demais; eu é que carecia estar ferroando o senhor, sempre que precisava de uma providência mais enérgica. Agora parece desesperado! *(Olha-o bem de frente.)* Que foi isso, Delegado? Então será verdade o que o povo diz? Pensei que era um falso que andavam murmurando... (*O* TENENTE *o encara também.*) Não sabe que dizem por aí que o senhor perdeu a cabeça por essa mulher?

TENENTE *(com insolência.)* — E o que é que o senhor acha?

CORONEL — A minha opinião não adianta; repito o que estão falando. Chegam a dizer que o senhor abusou dela. E agora eu pergunto: será verdade?

TENENTE — Não pergunte a mim, Coronel. Pergunte a ela.

CORONEL — Então é essa a sua resposta a uma pergunta que lhe faço como amigo?

TENENTE — O senhor nunca foi meu amigo.

CORONEL — Como? Está maluco, Tenente? Quem foi que pediu sua nomeação para cá? Lembra-se de que o recebi até com banda de música?

TENENTE — Porque o senhor pensava que eu era um criado às suas ordens. Mas, assim que levantei a cabeça, o senhor me tomou ódio.

CORONEL — Não seja ingênuo, rapaz! Se eu lhe tivesse ódio, você já tinha rodado daqui há muito tempo. Mas confesso que, com efeito, não me agradam esses seus modos insolentes. Deve se lembrar de que eu sou o chefe aqui! Agora, porém, o caso é outro — e urgente. Digo-lhe que o povo da cidade está furioso e apavorado. Não se esqueça de que eles acreditam piamente que a mulher é santa!

TENENTE — E o senhor, Coronel, agora também acredita nisso? Já não se lembra de quando entrou aqui aos gritos, chamando a Beata de louca, exigindo que eu prendesse, matasse e enforcasse?

CORONEL — Alto lá, não exagere! Nunca fui homem de violência. Queria as providências legais. Se pedi a detenção da Beata, foi para evitar mal maior. (*Pausa.*) De qualquer forma, sejam quais forem as nossas convicções pessoais, temos de ceder diante da opinião pública, que está irritadíssima. Se o boato for verdadeiro, então, nem sei... Se realmente o senhor abusou dessa rapariga...

TENENTE (*começa a rir, amargamente.*) — Não, Coronel! Se a questão é de abusar, que é que o senhor ficava pensando se lhe dissesse que ela é que abusou de mim?

CORONEL — Tenente, eu sou um velho! Não brinque comigo! A situação é gravíssima!

TENENTE — Não estou brincando, Coronel.

CORONEL — É só o que se fala na cidade. Imagine o medo do povo e o escândalo! E ainda não há certeza, só murmúrios. Calcule agora o que vai ser se descobrem que o senhor se prevaleceu da sua autoridade e submeteu a vexames essa pobre moça...

TENENTE — Não continue procurando me fazer confessar, Coronel. Já lhe disse que não me pergunte nada. Pergunte a ela.

CORONEL — É o que farei! (*Abana a cabeça.*) Mas não acredito. A mulher impõe respeito — o senhor não se atrevia! O melhor é seguir o meu plano, tratar de mandá--la pra longe. Com a saída da Beata, o povo se acalma. Os romeiros vão atrás dela. E o comandante em Iguatu, ou o Chefe de Polícia em Fortaleza, que descalcem a bota. (*Pausa.*) A noite não custa. E os meus homens talvez já tenham chegado.

TENENTE *(que se tinha sentado, ao ouvir as últimas palavras do* CORONEL, *levanta-se bruscamente.)* — Coronel Chico Lopes, eu já disse ao senhor: essa mulher só sai daqui depois que eu estiver morto! Então o senhor não entende?

CORONEL — O quê?

TENENTE *(com ar meio desvairado.)* — Porque ela não é gente... Porque debaixo daquela mortalha o senhor pensa que está uma mulher — mas é só o corpo! Está é um demônio! A gente se ilude com aquela fala mansa... com aqueles olhos... com aquele pescoço delgado... com a fama de bondade que ela espalhou por aí, fazendo caridade... E o aleijado que andou — ou é o menino cego que enxergou! Mas chegue perto — é o demônio, é o Satanás em figura de beata!

CORONEL — Delegado, o senhor parece que não está no seu bom juízo. Ou andou bebendo?

TENENTE — Beber? Não bebi, não, senhor! Eu não bebo nunca! Se pareço louco ou se pareço bêbedo, é tudo por causa dela... perversidade, bruxaria, sei lá! (*Cobre os olhos com as palmas das mãos, deixa-se estar assim um momento. De repente, ergue a cabeça.*) O senhor quer entregar a Beata a dois homens de sua confiança e mandá-la com eles para Fortaleza. Pensa que ela, sendo mulher, a parte fraca, se sujeita e obedece? E está fiado em que os cabras são da sua confiança? Lhe juro, Coronel, que antes deles andarem meia légua a Beata já enfeitiçou os desgraçados — já estará correndo a galope, sozinha, a caminho do Juazeiro. Ou pior: seduziu os homens, e volta com eles pra buscar o resto do cabroeiro aqui. Por essa mania do Juazeiro e do Padre ela é capaz de tudo, tudo! (*Pausa.*) Mas, torno a dizer: só vai depois que eu estiver morto!

CORONEL — Então, proponho outra solução: entregue-me a Delegacia, e, em vez dos cabras, vá acompanhando a Beata o senhor mesmo, que já a conhece.

TENENTE — Eu? Só aos pedaços! Isso queria ela!

CORONEL — Tenente, por trás disso há qualquer coisa. Porque, falando com franqueza, eu não me convenço de que o senhor acredite sinceramente nos poderes diabólicos dessa rapariga. Afinal, o senhor não é um caboclo analfabeto como os outros, é um oficial de polícia...

TENENTE (*dá uma gargalhada meio histérica.*) — Sim, sou diferente, sou um oficial!

Continua a rir.

CORONEL (*irritadíssimo.*) — Sabe o que eu penso, em verdade? É que o senhor tem receio de que essa moça chegue à Capital e conte o que se passou aqui, entre estas quatro paredes!

TENENTE *(que se acalmou.)* — Coronel, só lhe posso dar a mesma resposta que dei antes: pergunte a ela!

CORONEL — E eu repito: é o que eu vou fazer! Tenha a bondade de abrir a porta do cubículo.

Durante todo esse diálogo, o CABO, *apesar de interessado, não se moveu da sua posição. A* BEATA *não se deixou ver, recolhida ao fundo da cela. Ao pedido do* CORONEL, *o* TENENTE *apanha a chave no prego, abre com ela a grade e afasta-se para o lado. O* CORONEL *entra no cubículo, desaparece da vista do espectador, mas volta logo, com a* BEATA *à frente.*

Entra a BEATA.
O TENENTE *deixou-se estar encostado à parede. O* CORONEL *assume postura de inquisidor, mãos cruzadas às costas, ar severo. A* BEATA, *em silêncio, ergue para ele os olhos. O* TENENTE *continua na mesma posição, de vista baixa.*

CORONEL *(para a* BEATA.*)* — Trouxe a senhora aqui porque desejo lhe fazer umas perguntas — e na presença do Delegado. *(A* BEATA *continua a fitá-lo, sem dizer nada.)* Correm uns rumores... O povo da cidade anda inquieto, murmurando. Isso sem falar nos seus homens, que já estão em pé de guerra. Não sei quem espalhou o boato; provavelmente foram mesmo os seus tais de romeiros... *(Toma coragem.)* Bem, o que dizem é que a senhora sofreu violência aqui, às mãos do Tenente. É verdade?

BEATA — Eu não me queixo de ninguém.

CORONEL — Então é mentira?

BEATA — Ah, agora o senhor já está preocupado em saber o que é verdade e o que é mentira?

CORONEL *(paternal.)* — Pode dizer a verdade, minha filha! Não tenha medo!

BEATA — Medo? Eu? Não, o senhor é que deve ter medo. Por que não se arrepende dos seus pecados e não faz penitência? Por que não vai ajudar o Santo a derrotar os renegados?

CORONEL *(muda de tom, já ríspido.)* — Mulher, estou falando para o seu bem. Quero tomar a sua defesa, se sofreu alguma afronta. É verdade que esse homem lhe fez mal?

BEATA — E será o senhor melhor do que ele, pra punir por mim? Se bem me lembro, estou nesta prisão por culpa sua...

CORONEL *(já quase aos gritos.)* — Então é mentira o boato de que o Delegado lhe fez mal?

BEATA — Se ele fez mal ou fez bem, disso há de prestar conta a Deus, não ao senhor!

CORONEL *(gritando.)* — Tenente, leve daqui esta mulher! *(Tentando acalmar-se.)* Não há dúvida: é louca mesmo!

> *A* BEATA *muda a vista do* CORONEL
> *e passa a fitar o* DELEGADO, *longamente;*
> *ele não se mexe de onde está.*

CORONEL *(num gesto de impotência.)* — Bem, vejo que nada posso fazer... *(Para o* TENENTE.) E se ela própria não se queixa, sempre fico mais descansado. O que eu temia era ela armar um escândalo... *(Pausa.)* Vou avisar o povo que é mentira... Que a santa deles está em paz.

BEATA *(vira-se rápida para o* CORONEL.) — Não, senhor, não estou em paz! Paz eu quero, mas só terei fora daqui!

CORONEL — Engraçado a senhora dizer que quer paz! Então, por que não dá provas? A Delegacia está cercada — e dizem os seus homens que vão tirar a senhora daqui a ferro e a fogo. Se procura a paz, se é santa como eles acreditam, por que não manda embora os seus bandidos?

BEATA — São romeiros! Bandido é quem não teme a Deus! *(Pausa.)* Coronel Chico Lopes, está escrito nas Tábuas da Lei: quem fere também será ferido. Deus é bom, mas, quando quer castigar, põe uma espada de fogo na mão de seus anjos. O senhor me chama de santa, com zombaria na boca... Não, eu não sou santa, mas escuto a voz dos santos! Tenho uma missão a cumprir. Quem armou os meus romeiros foi a fé na Mãe das Dores, protetora do Juazeiro!

TENENTE — Ouviu, Coronel? Agora entregue a Beata a dois caboclos e os mande a cavalo para o Iguatu!

> *O* CORONEL *olha a* BEATA, *com ar impotente, abana a cabeça. Ela lhe devolve o olhar, depois espia de revés o* TENENTE, *puxa o terço da cintura e se retira vagarosamente para o cubículo.*
>
> *Sai a* BEATA.

CORONEL (*para o* TENENTE.) — Bem, eu fiz o que pude! Francamente, já nem sei qual dos dois é o mais desatinado: o senhor ou ela!

TENENTE — Se esqueça disso, Coronel. O melhor é se retirar, pedir passagem aos homens, enquanto eles ainda não estão atirando.

CORONEL (*hesitante.*) — Bem, talvez... (*Resolve-se.*) Então... Deus que o ajude!

O CABO *se manteve disciplinadamente em silêncio durante toda essa conversa — mas acompanhando com apaixonado interesse o que era dito. Quando se falou na retirada da* BEATA, *ele parecia aprovar. Ao fazer o* CORONEL *menção de partir, ele se dirige à porta principal, entreabre-a — e escuta-se um assobio de bala.*

TENENTE — Parece que já é tarde. Eles estão atirando.

CORONEL — Mas eu não posso ficar preso aqui!

TENENTE (*encolhe os ombros.*) — Não fui eu que chamei o senhor.

CABO — Seu Coronel, por que não fala com eles? Os homens não querem o senhor, só querem a Beata. E a rixa deles é com o Tenente...

CORONEL — Vamos ver. (*Chegando à janela, que foi fechada, encosta a boca à seteira aberta na madeira, e grita.*) Pessoal! Quem está falando é o Coronel Chico Lopes! Não façam fogo! Tenho notícias da Beata!

UMA VOZ *(lá de fora.)* — Pois traga a Beata!

CORONEL — Levo recado dela!

A VOZ — Então levante as mãos e venha!

CORONEL — Não, senhor! Serei criminoso pra sair daqui de mãos pra cima? *(Pausa.)* Vou sair como entrei! Se quiserem atirar, que atirem! *(Para o* CABO.*)* Abra a porta! *(O* CABO *obedece. Para os dois que ficam.)* Adeus!

Sai o CORONEL.

O CABO *vai espiar da janela. O* TENENTE
senta-se, exausto.

TENENTE — Passou?

CABO *(depois de um momento.)* — Passou. Mas tomaram o revólver dele. Ele está protestando... está indo embora, junto com o Pedro Cigano.

Pausa.

TENENTE *(levantando-se.)* — Cabo, corra os ferrolhos e passe a tranca na porta. *(O* CABO *obedece.)* E agora mande recolher aqui na sala os homens da guarda. Espero que eles tenham se abrigado por trás do parapeito. Mas é melhor virem para cá, antes que comece o tiroteio cerrado.

CABO *(tendo voltado à janela, vira-se hesitante.)* — Mas, Tenente... *(O* TENENTE, *que se levantara e se encaminhava na direção do armário das armas, detém-se e fita interrogativamente o* CABO.) Não vê, Tenente, quando o Coronel entrou, já não tinha mais homem nenhum no alpendre da guarda. Pensei que o senhor sabia.

TENENTE (*furioso.*) — Que história é essa? Traição? Para onde foram os homens? Morreram ou fugiram?

CABO — Não sei, Tenente. Mas acho que estão por perto. O senhor quer olhar aqui, por seu favor? (*O* TENENTE *chega à janela e espia pela seteira.*) Repare ali... à sua mão direita. Aquele não é o soldado Cleto? E o que está junto dele é o 22, sem engano nenhum. E o Antônio Amador, está vendo?... Talvez o senhor estranhe, porque eles jogaram fora os bonés... Veja, o Antônio Amador até botou na cabeça um chapéu de romeiro. E repare bem que ele está mesmo com o Máuser apontado para cá...

> *O* TENENTE *abandona de brusco a janela, corre para o armário, abre-o com uma chave que traz numa argola, no bolso, e começa a retirar armamento de lá, febrilmente, jogando-o sobre a mesa. Dois rifles, um revólver, uma garrucha antiga, caixas de balas, latas de pólvora e chumbo, espoletas. Quando ele está ocupado com isso, a* BEATA *chega à porta do cubículo, que ninguém fechou.*
>
> *Entra a* BEATA.

BEATA — Tenente!

TENENTE (*vira-se rápido.*) — Já se esqueceu do meu nome, hem? Esta noite você me chamava de João.

BEATA — Sim, João, é melhor lhe chamar de João. Ninguém batizou você por Tenente. A água benta do batismo só conhece o João.

TENENTE — A água benta do batismo... Já parou de rogar pragas?

BEATA — João, minha palavra é de paz. Escute o que lhe digo, antes que seja tarde. Não se atravesse no meu caminho. O que Deus quer tem muita força.

Durante o diálogo, o TENENTE *se ocupa, febril, em carregar as armas, inclusive a garrucha, com carga de pólvora, pela boca. O* CABO LUCAS *mantém vigia na seteira da janela.*

TENENTE — Deus ou o diabo? (*Olha-a.*) Se eu chamasse um padre para lhe fazer exorcismo, esta sala ficava fervilhando de demônios, feito morcegos. Vá para o seu quarto, que é melhor.

BEATA — João...

TENENTE — Cale a boca! Não ameace, que eu não tenho medo! E não finja mais, que eu já abri os olhos! Também não me rogue, que eu não tenho pena!

CABO (*excitado, da janela.*) — Tenente, eles estão trazendo uma estaca! (*Quase gritando.*) Vão bater com a estaca pra arrombar a porta!

O TENENTE *levanta-se, vai à janela, olha para fora um momento, retorna à mesa e volta a lidar com as armas.*

A Beata se ajoelha junto à porta do cubículo e põe-se a rezar, com a cabeça afundada no peito. O Cabo olha para ela, depois fita o Tenente, hesitante, mas acaba tomando uma resolução e aproxima-se dele.

Cabo — Seu Tenente, desculpe...

Tenente (*levanta a cabeça.*) — Que é?

Cabo — Eu sei que o meu direito é obedecer... Mas eu sou mais velho que o senhor, e lhe quero bem. Sou homem seu — o senhor sabe! Mas tenho família e tenho fé em Deus, Tenente! O senhor é testemunha de que eu cumpro ordens...

Tenente (*com frieza.*) — Também quer ir embora?

Cabo — Não, senhor! Mas tenho medo do castigo! Não é só romeiro que está cercando a cadeia — é o povo todo da terra. E o senhor mesmo não viu? Até os seus soldados! Quer dizer que eles têm medo também — medo do sacrilégio que está havendo aqui dentro. A cidade inteira está amotinada.

Tenente — E o que é que você quer que eu faça?

Cabo — Tenente, eles só querem livrar a Beata. (*Suplica.*) Tenente, pelo amor de Deus, solte a santa!

Tenente — Que santa? Tenho aqui uma presa, cúmplice dos revoltosos do Juazeiro.

Cabo — Tenente, quem chama a Beata de santa não sou eu só — é a voz do povo!

TENENTE — Lugar de santo é no Céu! *(Ríspido.)* Volte pra janela, Cabo. Veja o que está havendo.

O CABO quer falar ainda, mas não tem coragem. Cala-se, vai obedecer à ordem, quando se escuta o primeiro baque da estaca de encontro à porta. A BEATA, sempre de joelhos, cruza com força os dedos das mãos postas, curva-se ainda mais, rezando sempre.

CABO *(correndo à janela, grita.)* — E a estaca! Eu não disse? Eles vão mesmo arrombar a porta! Tenente, por alma de seu pai e de sua mãe, não faça uma coisa dessas! Se eles entram aqui...

TENENTE *(acastelando-se atrás da mesa, empunha um dos rifles. As pancadas da estaca continuam, em ritmo lento; a madeira da porta cede um pouco, mas a tranca de ferro resiste.)* — Que é que eu estou fazendo? Não pretendo atirar primeiro! Estou sendo atacado — e não ataco. Sou polícia, não sou assassino. Mas quem entrar aqui morre!

CABO — Tenente, mas se o senhor quisesse...

TENENTE — Chega, Cabo! Pegue a sua arma! *(O CABO hesita um instante, depois apanha o fuzil encostado à parede.)* Olhe a munição! *(Oferece alguns pentes de balas, que o CABO vem apanhar.)* Tome posição! Quero ver se arrombam a porta! O primeiro que entrar — fogo!

Ficam os três imóveis; o TENENTE está de pé por trás da mesa, com o revólver na mão. As pancadas da estaca se sucedem — quatro, cinco, seis vezes. A sétima, a tranca

ainda aguenta. De súbito, a BEATA *se levanta, corre
à porta e forceja por levantar a tranca.*

BEATA *(gritando.)* — Mais força! Mais força! Eu ajudo!

TENENTE *(salta de onde está, com uma das mãos agarra a*
BEATA, *com a outra lhe encosta o revólver à cabeça, e grita para
fora.)* — Se arrombarem a porta a Beata morre!

As pancadas cessam.

BEATA *(grita para fora.)* — Me acudam!

A pancada ressoa de novo.

TENENTE *(grita para fora.)* — Querem que ela morra?
Batam outra vez, que eu atiro! *(Cessam as batidas. A* BEATA,
tentando desvencilhar-se, luta com o TENENTE, *sem se importar
com a ameaça do revólver. O* TENENTE, *cujo braço a luta desvia-a,
consegue apontar novamente a arma, e exclama.)* Eu atiro! *(Mas,
em vez de atirar, rodeia a* BEATA *com os braços, agarra-se com ela,
num abraço desesperado.)* Maria, meu Deus, Maria!

A BEATA *continua lutando; o* TENENTE, *porém, abraça-a
com mais força, apertando o rosto contra o pescoço dela.*

CABO *(assiste a tudo transido, mas, ao ver o* TENENTE *abra-
çar a* BEATA, *larga o fuzil e, saltando sobre o outro, segura-lhe o
braço.)* — Tenente, pelas chagas de Cristo! Se lembre que é
uma santa, uma santa!

O TENENTE *não o escuta, e o* CABO *procura tirar a mulher
dos seus braços. A* BEATA *aproveita o auxílio, livra-se.
Enquanto isso, a estaca volta a bater, em pancadas lentas,*

cavas, regulares. Lutando com o CABO, *o* TENENTE *rola pelo chão, mas não soltou ainda a arma. Em certo momento, está de frente para a* BEATA, *aponta para ela. O* CABO, *porém, consegue arrancar-lhe o revólver. O* TENENTE *luta, rolam de novo, o* CABO *fica sobre ele. Está de costas para o público, ajoelhado sobre o outro, que caiu em decúbito dorsal. Por fim, o* CABO *retira a faca que traz à própria cintura, ergue a mão para o ar, e por duas vezes fere o* TENENTE. *Durante a luta, a* BEATA *lentamente se recompõe, passa as mãos pelo cabelo e pelo vestido. As pancadas da estaca cessam; parece que lá fora os atacantes pressentiram a peleja e aguardam o resultado. Súbito, como se cansasse de esperar, a estaca bate outra vez. A* BEATA, *como que desperta à pancada, dá um passo, quase tropeça com os dois corpos —* o TENENTE *morto, no chão, o* CABO *de joelhos, chorando sobre ele. Alcança a porta, segura a tranca, grita.*

BEATA — Esperem! Eu vou abrir! (*As pancadas cessam. Penosamente, a mulher consegue levantar a pesada tranca, sobre a porta empenada, da qual já saltaram estilhas. Com as mãos ambas escancara as duas folhas, e ouve-se uma exclamação de triunfo do povaréu lá fora. E logo a voz da* BEATA SE ERGUE NO AR, MUITO CLARA.) GLÓRIA A DEUS!

PANO

Este livro foi impresso no
SISTEMA DIGITAL INSTANT DUPLEX
DA DIVISÃO GRÁFICA DA DISTRIBUIDORA RECORD
Rua Argentina, 171 – Rio de Janeiro, RJ
para a
EDITORA JOSÉ OLYMPIO LTDA.
em fevereiro de 2015

*

84º aniversário desta Casa de livros, fundada em 29.11.1931